ENRICO MARIA SECCI

I Narcisisti Perversi
e le unioni impossibili

*Sopravvivere alla dipendenza affettiva
e ritrovare se stessi*

Immagine di copertina: Wolves (2013), dal progetto fotografico di Paola Serino, www.paolaserino.com

Indice

Le storie raccontate in questo libro sono casi clinici tratti dall'esperienza professionale dell'Autore.

Per preservare la riservatezza dei protagonisti è stato omesso ogni elemento che possa renderli riconoscibili

Le testimonianze sono riportate nel rispetto della privacy delle persone che le hanno condivise sul mio blog, Blog Therapy, all'indirizzo *www.enricomariasecci.blog.tiscali.it.*

Gli aforismi che introducono alcuni capitoli, dove non diversamente specificato, appartengono all'autore.

Introduzione

Occuparmi di narcisismo patologico e di dipendenze affettive non è stata una mia scelta. Se avessi potuto scegliere, come essere umano avrei preferito non imbattermi nell'abisso del mal d'amore e della manipolazione narcisistica. Ma, sin dall'inizio della professione di psicoterapeuta, ho cominciato ad accorgermi che molte persone giunte in studio per depressione, ansia, panico e fobie e altri disturbi, esprimevano attraverso sintomi clinici un grave disagio nella sfera affettiva e relazionale collegato al rapporto con un partner o una partner narcisista.

Nel lavoro con queste persone, la psicoterapia breve e focale in cui mi sono formato depotenziava effettivamente i disturbi che motivavano la richiesta d'aiuto e, nell'arco di una decina sedute, le manifestazioni psicopatologiche potevano ridursi a zero. Notavo, però, che alcuni pazienti, una volta "usciti" dal sintomo continuavano a presentarsi in terapia, non più sofferenti certo, eppure circondati da un'aura pesante, da un velo grigio intessuto di amarezza, di insoddisfazione e di rabbia, di cui, proseguendo gli incontri, cominciavano a parlarmi.

"I sintomi sono spariti", mi dicevo, *"... allora, perché vogliono proseguire la terapia?"* Non c'era più la depressione severa, il panico e l'idea terrorizzante della morte improvvisa che toglievano loro il sonno

I

e la serenità erano solo ricordi ... eppure, pur non soffrendo più, affatto, del problema che li aveva inizialmente motivati alla psicoterapia, i pazienti chiedevano che le sedute continuassero.

Il "velo grigio" nella mente

Mi sono domandato a lungo perché, lavata via la macchia nera del sintomo, rimanesse attorno a loro questo alone di inquietudine ostinato e malsano, che giustificava l'esigenza di proseguire il percorso psicologico.

Nella prospettiva di allora, credevo che il mio compito di clinico fosse alienare i sintomi e debellare la patologia manifesta nel tempo più breve possibile. Questo rimane ancora il mio orientamento prevalente: utilizzare ogni mezzo possibile per accelerare e stabilizzare il cambiamento. Non una seduta più del necessario e non una seduta meno di quanto serva. Ma ho imparato presto dalle persone con le quali lavoro che quando è in atto una dipendenza affettiva e/o c'è di mezzo un narcisista patologico, la psicoterapia non può fermarsi alla risoluzione dei disturbi clinici. Ho scoperto che il percorso può evolvere e completarsi con l'elaborazione del vissuto emotivo e del contesto affettivo attuale, incentrarsi sulla comprensione e sul cambiamento della relazione patogena che, dietro le quinte, muove il manichino spaventoso e disarticolato dell'amore "malato".

La frequenza con cui uomini e donne, superata l'emergenza della patologia, scostavano il "velo grigio" per raccontare in psicoterapia le loro unioni impossibili, avvelenate e ostinate, disperanti e distruttive, con partner prevaricanti e ostinatamente egocentrici, mi ha spinto ad approfondire il tema del narcisismo patologico e del suo contraltare, la dipendenza affettiva.

Ancora oggi, continuo a osservare come il sintomo, sia esso depressione, panico, fobia, o altro, svolga la doppia funzione di "guinzaglio emotivo", utile a mantenere la relazione "impossibile", e di "messaggio in bottiglia" lanciato dalla vittima come l'SOS d'aiuto da un naufragio abissale.

Lo dimostra il fatto che proprio dove la patologia manifesta arretra in modo significativo o, finalmente, si estingue grazie al lavoro del paziente in terapia, la reazione del partner narcisista è violenta. Il benessere conquistato in terapia viene respinto con sarcasmo, derisione e disprezzo, sabotato attraverso l'innesco di un conflitto di coppia o compromesso dall'esplosione di una crisi relazionale più acuta delle altre.

Da oltre dieci anni, l'esperienza clinica mi ha mostrato che il narcisista e la narcisista, rispondono con feroce irrequietezza all'emancipazione emotiva della loro vittima. Utilizzano atteggiamenti punitivi: adottano distanze provocatorie e dolorose, si servono del dileggio e del tradimento per "marcare il territorio" minacciato dalla scomparsa del problema che garantiva loro ampi margini di controllo sul/la partner. Nella pluralità dei casi che hanno ispirato questo lavoro, l'evidenza maggiore, l'elemento che risuona con ridondanza assordante nelle storie che ho raccolto è la funzione del dolore psichico della vittima, che è quella di convalidare, attraverso l'alienazione di sé, il "potere" di cui il narcisista grandioso ha bisogno per proseguire la relazione.

Intendo dire che il sintomo patito dal membro "debole" della coppia rappresenta per il partner narcisista l'emblema della

III

propria egemonia e così il dolore del o della partner è ricercato, favorito o, addirittura, è inconsciamente indotto allo scopo di alimentare una rappresentazione di sé grandiosa e onnipotente, a scapito dell'equilibrio dell'altro.

Il paradosso di Narciso nel legame d'amore

Sulla base di questo presupposto si può osservare come l'unione con un narcisista perverso sia governata da un paradosso: *è possibile quando è impossibile*. Perché ci sia il legame, questo dev'essere distrutto o spezzato di continuo dal distacco, dal tradimento e dall'annullamento del partner.

In questo libro esploro questo paradosso patogeno e le sue conseguenze in una prospettiva strategica, sistemica e relazionale. A partire dall'identikit psicologico e psicopatologico del "narcisista perverso" e dall'analisi della dipendenza affettiva in cui intrappola le sue vittime, mi concentro sui meccanismi che fondano, alimentano e mantengono il legame disfunzionale.

Dal blog al libro

"I narcisisti perversi e le unioni impossibili" non è, evidentemente, un saggio psicologico tradizionale, non è un lavoro accademico e neppure un testo di *self-help*. Il libro nasce dalla mia esperienza di psicoterapeuta in Rete e, nella forma e nella sostanza, può essere considerato uno dei primi *blog-book* italiani di psicologia e psicoterapia. Ecco la storia.

Il sito internet Blog Therapy, ospitato dalla piattaforma Tiscali, è nato nel 2007 con l'obiettivo di condividere in rete informazioni sulla psicologia e sulla psicoterapia.

L'obiettivo di Blog Therapy era ed è quello di scavalcare lo stereotipo, ancora diffuso, sui professionisti della psicologia, troppo spesso avvertiti come distanti consulenti oracolari oppure come interpreti di sogni o "amici a pagamento" troppo costosi.

Nel primo anno da blogger, avevo scritto di depressione, di ansia e di panico, di disturbi dell'autostima e di dipendenze alimentari prima di pubblicare un primo post sul narcisismo patologico intitolato *"Il narcisista perverso"*. L'esplosione di visite, di commenti che è seguita mi ha spinto ad approfondire questo tema, incoraggiato dal crescente incremento degli utenti.

Nel 2012 i tempi sono stati maturi per raccogliere i post sulla dipendenza affettiva e svilupparli in un libro. Così ho pubblicato *"Gli uomini amano poco - Amore, coppia, dipendenza"*, incentrato sulle dipendenze affettive e sulla psicologia della coppia. Il riscontro è stato positivo, con quattro ristampe in quattordici mesi e un'alluvione di contatti.

Negli ultimi anni, spinto dalle molte testimonianze, dalle domande e dalle frequenti richieste d'aiuto dei lettori di Blog Therapy, ho focalizzato la mia attenzione su un caso particolare di dipendenza affettiva, quella che s'instaura tra un soggetto narcisista e la sua partner, che è il tema di questo libro.

Parte dei contenuti de *"I narcisisti perversi e le unioni impossibili"* sono post pubblicati sul web tra il 2012 e il 2014, rivisti, ampliati, e integrati da capitoli inediti.

Nella sezione finale del volume presento il mio approccio clinico e psicoterapeutico alle dipendenze affettive. L'impostazione del mio lavoro è di matrice strategica-integrata, una psicoterapia multi-modello che incorpora in una prospettiva unitaria la terapia strategica, la terapia cognitivo-comportamentale, la psicoterapia psicodinamica, dalla terapia narrativa, la psicoanalisi e la Schema Therapy.

Con "*I narcisisti perversi e le unioni impossibili*" non ho certo l'intenzione di dire l'ultima parola sul mal d'amore o sul disturbo narcisistico di personalità. Non pretendo di spendermi in un'infinità di citazioni e riferimenti bibliografici, di cimentarmi in disamine intrapsichiche, né voglio inoltrarmi nella metapsicologia. Altri autori hanno e stanno già operando in tal senso con formidabile efficacia e autorevolezza.

Spero, invece, che il formato agile di questo *blog-book* possa incontrare facilmente le persone per cui è stato scritto, a partire dagli utenti di Blog Therapy e di Facebook che, nel momento in cui scrivo, raggiungono punte di 45.000 visite al giorno.

Spero anche di incoraggiare altri psicologi e psicoterapeuti ad affrontare con creatività e determinazione le questioni del narcisismo patologico e della dipendenza affettiva.

Enrico Maria Secci

I narcisisti perversi e le unioni impossibili

Per un istante d'estasi
noi paghiamo in angoscia
una misura esatta e trepidante,
proporzionata all'estasi.
Per un'ora diletta
compensi amari di anni,
centesimi strappati con dolore,
scrigni pieni di lacrime.
(Emily Dickinson)

Chiami e non risponde. Non richiama, o richiama quando vuole. Mandi sms che sembrano perdersi nei meandri di un'imprevedibilità machiavellica poi, dopo ore o giorni, giungono repliche insipide e telegrafiche. Dimostra insensibilità, gelo e sincero disappunto alla minima richiesta di impegnarsi nel rapporto. È capace di "slanci" travolgenti, ma esattamente il tempo di "fare l'amore" o giù di lì. Poi, di nuovo, comunicazioni criptiche, incostanti e confusive si mescolano a silenzi sempre più aridi. E se sei così audace da andare avanti, se anziché interrompere urgentemente e definitivamente il rapporto ti inoltri nella storia, arriva tutto il resto: la svalutazione, l'aggressività, la costante sensazione di precarietà e di pericolo, la gelosia patologica, la disperazione dell'inseguimento e della derisione.

1

Questi i fenomeni tipici della relazione con un narcisista perverso, un uomo che, spesso al di là della propria consapevolezza, agisce in modo distruttivo e spinge la partner (o il partner) nella spirale della dipendenza affettiva.

Controllo e disimpegno

Nel campo delle dipendenze relazionali il concetto di "narcisista perverso" non descrive una patologia della personalità, ma una modalità di costruire rapporti sentimentali all'insegna del controllo del partner e del disimpegno dal rapporto. Ciò vuol dire che il narcisista perverso non può essere considerato necessariamente un soggetto patologico; è piuttosto un individuo che adotta strategie congruenti col proprio obiettivo di base: alimentare la sicurezza di sé a scapito dell'altro e con un investimento minimo. Rispetto alle sue "vittime", che ricercano una relazione amorosa intensa e durevole, il narcisista nutre indifferenza. Se sollecitato al confronto, può reagire con fastidio o rispondere con violenza.

Dal proprio punto di vista privo di empatia, il narcisista perverso non può comprendere a appieno le esigenze dell'altro e vive le sue richieste come indebite e illegittime. Fare lo sforzo di capire e di ascoltare lo metterebbe nella sgradevole posizione di rinunciare al controllo e alla supremazia sulla partner. Per questo, chi si ostina nella relazione con un narcisista perverso non ha alcuna speranza di riuscita e, senza accorgersene, si sta impegnando in un atto auto-lesionista e sterile.

Nessuna azione, nessuna persuasione, nessun sacrificio, cambiamento o strategia muterà il narcisista perverso in un Principe Azzurro. Eppure l'ossessione che avviluppa le vittime e che le soggioga a volte per anni, a volte per tutta la vita, è quella di essere sostituite da donne più belle e più capaci di farsi amare. Caratteristiche pressoché costanti delle vittime sono la credenza di essere responsabili dei comportamenti vessatori del partner patologico e la tendenza ad auto-attribuirsi ogni responsabilità per l'infelicità del rapporto.

Oggettivazione e intercambiabilità

Il "gioco psicologico" del narcisista perverso si regge sul principio dell'oggettivazione o reificazione, ovvero sul trasformare le persone in "cose". Ne considera il peso, la statura, le misure, i colori, pondera le frasi e gli atteggiamenti e manifesta rabbia ogni qualvolta le caratteristiche osservate risultino difformi dal modello ideale assunto come parametro indiscutibile.

Così, per il narcisista perverso nulla basta: la forma fisica è sempre insufficiente, i vestiti sono inadeguati, sbagliati il tono di voce, gli argomenti, le amicizie, le proposte, gli orari ... il presente, il passato della partner.

All'inizio della relazione il narcisista perverso tende a celare l'irrequietezza e l'intolleranza con cui osserva l'altro. Ma, mano a mano che il rapporto prosegue, il narcisista perverso conquista spazi di manovra sempre più ampi e sottopone la partner a conflitti o umiliazioni di intensità crescente, come a voler misurare il proprio potere. Le reazioni disperate della vittima lo rassicurano e lo gratificano. A tratti può commuoversi per lo stato di prostrazione in cui riduce la compagna e cercare di "rimediare" con qualche coccola e promesse di cambiamento. Queste condotte riparatorie non fanno che confondere la vittima e alimentare la sua dipendenza, perché fomentano l'illusione amorosa.

Ma chi è il narcisista perverso? Per prima cosa è bene sottolineare che non sempre è un magnetico Dorian Gray, né un bel tenebroso o un bello e dannato come suggeriscono gli stereotipi cinematografici. Anzi, spesso è un uomo vuoto, mediocre, intriso di stereotipi e ossessionato dal bisogno di piacere agli altri, un individuo perseguitato dall'idea che qualcuno lo smascheri. Si comporta come una lavagna cancellabile: ci si può scrivere sopra qualunque cosa, ma nulla rimane davvero impresso. Oggi è un amante premuroso e galante e domani un latitante; a tratti è un poeta, a tratti un villano. Troppo impegnato in equilibrismi psicologici per tutelare se stesso da cadute vertiginose depressive o psicotiche, non si accorge sinceramente del disastro che crea, ma si compiace dell'inseguimento sentimentale che scatena.

Idealizzazione ed egocentrismo

Chi rimane impigliata/o nella dipendenza affettiva con un/una narcisista perverso/a viene inizialmente sedotto dalla sicurezza con cui il/la partner sembra sceglierli. Subito dopo, però, scatta la tagliola dell'ambivalenza e dell'incostanza, l'alternanza disperante di silenzi e di attacchi che caratterizza questo tipo di dipendenze amorose.

L'ambiguità della comunicazione narcisistica è tale da offrire infiniti spunti perché la vittima la interpreti in modo egocentrico, secondo il proprio sistema di valori e le proprie aspettative.

La sfida più complessa per chi precipita nel vortice della dipendenza affettiva da un narcisista perverso è imparare a tradurre secondo un altro sistema di riferimento, un diverso modello di realtà, messaggi che sembrerebbero incoraggiare la relazione e che invece perseguono il solo scopo di congelarla in un comodo e disimpegnato "equilibrio" che gratifichi l'immagine grandiosa del narcisista. In questo la vittima è colpevole, colpevole di mettere da parte se stessa e di sottomettersi alle pretese, alle manipolazioni e alle menzogne del partner; inconsciamente, inconsapevolmente colpevole di danzare il tango tetro e disarticolato dell'accondiscendenza, della confusione e dell'illusione. Pur di mantenere l'altro all'interno del propria idea d'amore la vittima costruisce cattedrali di sogni destinate a crollare: idealizza l'amante sino a creare il mito dell'uomo perfetto che, quindi, non merita. E si dà contro. "Sono una sfigata", "Tutte le altre sono migliori di me", "Lui esita perché capisce che io non vado bene. Troverà un'altra che vale più di me e s'innamorerà di lei".

Queste suggestioni negative, apparentemente "logiche" rispetto al vissuto emotivo da cui derivano, rappresentano a una più attenta analisi un tentativo illusorio di "salvare l'immagine dell'altro" e di ricondurre il fallimento del rapporto a propri presunti errori.

In questo modo la vittima si perde in un'illusione di controllo: l'idea egocentrica che basterà modificare in qualche modo il proprio comportamento per conquistare l'amato.

I comportamenti da evitare

Classicamente, sono almeno tre i comportamenti che mantengono la dipendenza e trascinano la storia in una serie teoricamente infinita di inseguimenti e di traumi:

1. tentare di smascherare il narcisista perverso;
2. chiedere chiarimenti;
3. tenere aperta la comunicazione.

La dipendenza affettiva è la conseguenza di schemi comunicativi disfunzionali che si ripetono e si rafforzano in un contesto di aspettative distorte e di convinzioni errate sulla relazione amorosa. Non si tratta, dunque, di un problema esclusivamente individuale collegato al passato degli individui coinvolti e in particolare alla loro infanzia, ma di una patologia che si coniuga nel presente, nel "qui ed ora" del rapporto: nel presente, inconsapevolmente, i dipendenti affettivi sono prigionieri di pensieri, emozioni e comportamenti che derivano dal sistema di azioni e reazioni reciproche e non necessariamente da traumi primari legati al vissuto pregresso di un membro della coppia.

Chi intraprende una psicoterapia alla ricerca delle cause remote dei circoli viziosi in cui è intrappolato rischia così di perdere di vista i problemi attuali e aggrovigliare ancor più strettamente la matassa di nodi in cui è intrappolato. La tendenza dei dipendenti affettivi è, infatti, quella di colpevolizzarsi di non essere amati e di andare alla costante ricerca di "qualcosa di rotto in se stessi", anziché riconoscere gli schemi dell'altro e le sue costanti mancanze nella dinamica della relazione. Quando poi l'altro si comporta come un narcisista perverso il senso di inadeguatezza della "vittima" tocca culmini altissimi, perché il partner, in quanto narciso, si muove nel rapporto col solo scopo di alimentare il proprio sé grandioso e non esita a demolire l'immagine, già fragile, dalla controparte. Riconoscere e identificare le modalità del narcisista perverso è funzionale sia a ristrutturare gradualmente la percezione idealizzata che ha insinuato nella "vittima" sia a produrre in tempi brevi un cambiamento nel sistema interattivo che alimenta la dipendenza affettiva.

I tre errori che alimentano la dipendenza

Ciò che sprofonda il partner del narcisista è innanzitutto la difficoltà a individuare con chiarezza l'inutilità delle proprie azioni all'interno del rapporto e il rassegnarsi all'idea che qualunque cosa farà, sarà sbagliata. Non c'è modo, infatti, di accendere l'amore nell'altro. Anche quando il narcisista sembra avvicinarsi, ritornare sui suoi passi, anche quando sembra amare teneramente sta manipolando. E basta. Manipola perché non tollera di perdere il controllo, di essere abbandonato e, soprattutto, di essere smascherato nella sua incapacità affettiva. Ed ecco il primo errore da evitare: tentare di smascherare il partner ponendolo davanti al suo egoismo, all'incostanza, alla ferocia dei suoi silenzi, alla violenza delle sue sparizioni. Pur di mantenere integra l'immagine positiva di sé, il narcisista si difenderà persuadendo la partner di essere inadeguata e pazza e giustificando i propri comportamenti come reazioni alla sua pochezza. Oppure si adeguerà temporaneamente alle richieste della vittima al solo scopo di dimostrarle che ha torto, per poi tornare repentinamente alle usuali modalità sadiche e anaffettive. In questo quadro, ogni tentativo di smascheramento finisce per perpetrare lo schema della relazione e alimentare l'ossessione. Per uscirne davvero occorre abbandonare l'esigenza di ottenere dall'altro scuse e ammissioni e prendere la decisione di agire con autonomia. Sarà solo il primo passo, perché quando il narcisista perverso sente che la preda si allontana si attiva per ricatturarla ed è capace di ricomparire anche a distanza di mesi o di anni pur di ristabilire il suo potere. Per farlo può ricorrere alla richiesta di chiarimenti, tentare la carta dell'amicizia o riproporsi in modo seduttivo. Il secondo errore da evitare è accettare di "chiarire" la situazione faccia a faccia, nella consapevolezza che si tratti di una trappola per continuare il massacro. Per la vittima è una decisione difficile perché, più o meno consciamente, subisce con stupore il fascino del riavvicinamento di qualcuno che credeva la disprezzasse e che, all'improvviso, assume un atteggiamento interlocutorio sulla relazione. La parola d'ordine è "No". Non vedersi, non "chiarire" nulla, non avere più nulla a che fare con l'altro, almeno finché il percorso di liberazione e di emancipazione dalla dipendenza affettiva non sia compiuto.

Il terzo errore da evitare è mantenere aperta la comunicazione col narcisista perverso. Niente sms, Facebook, nessun contatto diretto o indiretto sono le chiavi per superare l'astinenza affettiva e concludere per sempre la relazione. Infatti, non si può "guarire insieme" dalla dipendenza affettiva quando è attivata dal narcisismo, non può in alcun modo essere un percorso congiunto, ma è il frutto di una elaborazione individuale della "vittima" che, sulla base del riconoscimento degli schemi dell'altro, conclude con determinazione e coraggio che l'unione in cui si era cimentata fosse realmente impossibile.

Riconoscere i narcisismi

Storicamente, il concetto di narcisismo è emerso in psicoanalisi dalla necessità di interpretare e comprendere le perversioni sessuali (il sadismo, il masochismo, l'esibizionismo, il *voyerismo*, ecc.), quelle che oggi, più correttamente, chiamiamo parafilie, e si è evoluto oltre la sfera della sessualità, per diventare uno dei temi più importanti e controversi in psicoterapia.

I primi studi sul disturbo narcisistico risalgono al 1892, quando Havelock Ellis utilizzò per la prima volta il mito greco come chiave interpretativa dell'autoerotismo. Ma si deve a Freud il "battesimo ufficiale" del narcisismo, con l'*Introduzione al narcisismo* del 1914, da cui si sono diramati gli studi, le osservazioni cliniche e centinaia di pubblicazioni che, per la prima volta nel 1980, hanno condotto alla codifica della personalità narcisista nella terza edizione del Manuale Diagnostico e Statistico dei Disturbi Mentali (DSM-III).

L'iscrizione del narcisismo nel DSM pone l'accento su otto criteri diagnostici, tra cui almeno cinque debbono essere rilevati per formulare la diagnosi di disturbo narcisistico di personalità:

- reazione alle critiche con rabbia, vergogna o umiliazione;
- tendenza a sfruttare gli altri per i propri interessi;

9

- grandiosità, cioè sensazione di essere importanti, anche in modo immeritato;
- sentirsi unici o speciali, e compresi sono da alcune persone;
- fantasie di illimitato successo, potere, amore, bellezza, ecc.;
- sentirsi in diritto di meritare privilegi più degli altri;
- eccessive richieste di attenzione o ammirazione;
- mancanza di empatia verso i problemi di altre persone.

Nella revisione del Manuale del 1987 (DSM-III-R) è stata aggiunta una nona voce allo scopo di rendere più precisa la diagnosi alla luce di osservazioni e ricerche in ambito clinico:

- persistente invidia.

Ma parlare al singolare di "narcisismo" è riduttivo perché, anche dopo la concettualizzazione dell'American Psychiatric Association, il termine è usato sia per definire un disturbo della personalità o solo un tratto della personalità; si parla di "ferite narcisistiche", "trauma narcisistico" o di "difese narcisistiche" facendo riferimento a dinamiche inconsce non necessariamente correlate a una disfunzione psico-affettiva.

Come vedremo, l'impegno dei clinici e dei ricercatori è quello di confluire in una prospettiva integrata e dinamica sui narcisismi, per condividere criteri diagnostici e, soprattutto, per costruire modelli terapeutici efficaci ed efficienti, sia sul piano individuale che sul livello della relazione tra il narcisista e la sua "vittima".

10

Freud, Kohut, Kernberg e Lowen:
quattro voci sul narcisismo

Dal dibattito secolare sul narcisismo si evince la complessità di una struttura psicologica al limite tra fisiologia e patologia.

Freud teorizza un narcisismo primario come la tappa dello sviluppo psicosessuale che precede la costruzione dell'Io. Nella prima infanzia, l'individuo è transitoriamente incapace di distinguere se stesso dal mondo esterno e dalle figure di attaccamento; vive in uno stato di fusione percettiva tale da avvertire gli altri e le realtà circostanti come prosecuzione di sé.

In questa fase arcaica, egocentrica e, per così dire, "tolemaica", il bambino non può che assumere se stesso come oggetto d'amore, per poi scoprire di non essere in se stesso il mondo grazie alle prime - normalissime e necessarie - esperienze di solitudine e di frustrazione che preludono alla consapevolezza di non potersi bastare da solo, in quanto parte di un planetario umano vastissimo.

Dunque, il narcisismo può essere inteso come una fase transitoria e fisiologica dello sviluppo psichico, che può mutare in patologia (narcisismo secondario) a causa di eventi traumatici legati al contesto affettivo ed esistenziale del bambino, in particolare quando la funzione affettiva della madre risulta deficitaria.

Kohut (1977) ha avvalorato l'importanza delle relazioni primarie tra il bambino e i genitori, in particolare la madre, nel determinare il passaggio a un funzionamento non patologico, ovvero all'abbandono della modalità narcisistica in favore di una personalità integrata ed empatica verso se stessi, gli altri e il mondo esterno.

Nella prospettiva di Kohut, esiste un narcisismo funzionale, un nucleo originario della personalità che determina la spinta realizzativa e la creatività dell'individuo e, pertanto, deve essere considerato sano. La formazione di un Sé narcisista patologico in età adulta rappresenterebbe, invece, la risposta difensiva e disadattiva a una o più delusioni traumatiche dei bisogni affettivi del bambino da parte delle figure di attaccamento o altri significativi, adulti o pari, come compagni di scuola e amici. Il ritratto del narcisista dipinto da Khout è quello di un individuo vulnerabile, frammentato e intimamente sofferente.

Kernberg (1975, 1987) ha teorizzato l'esistenza di tre tipi di narcisismo: un narcisismo infantile, un narcisismo sano e un narcisismo patologico. La patologia narcisistica si innesca quando la persona è incapace di integrare l'immagine idealizzata di sé con la realtà esterna e con la visione degli altri e si rifugia in fantasie di grandiosità che ostacolano la sua capacità di adattamento alla complessità delle relazioni affettive.

Anche Lowen (1983) riconosce nel disturbo narcisistico l'esito di una carente integrazione nell'Io di sentimenti negativi e traumatici delle prime esperienze di vita e si concentra sul modo in cui le iniziali privazioni affettive ricadono tanto sul funzionamento psicologico dell'individuo quanto sul suo vissuto corporeo. Lowen estende lo studio e la comprensione del narcisismo dalla sfera intrapsichica e relazionale alla dimensione fisica del corpo, includendo nella terapia l'osservazione e l'analisi del respiro, della postura, delle tensioni muscolari e delle rigidità che si manifestano nel paziente narcisista come indici osservabili e modificabili del conflitto emotivo in cui è intrappolato.

Questa veloce panoramica non può comprendere la vastità e la profondità dei contributi internazionali sul narcisismo. Il dibattito sulla personalità narcisistica è talmente articolato che in seno alla comunità scientifica si è pensato di cancellare il Disturbo Narcisistico di Personalità dalla quinta e recentissima edizione del Manuale Diagnostico e Statistico dei Disturbi Mentali (2014).

Se non fosse stato per l'accesa protesta di clinici e ricercatori di tutto il mondo nella fase di redazione della quinta edizione della "bibbia della psichiatria", l'eliminazione del narcisismo dai disturbi di personalità avrebbe significato una sorta di "indulto" scientifico del tutto ingiustificato.

L'omissione di una categoria così importante e critica come il narcisismo patologico dal DSM-V avrebbe indubbiamente complicato sia la diagnosi che il trattamento psicoterapeutico, ma soprattutto avrebbe compromesso la possibilità fondamentale di comunicare tra professionisti su un disturbo che la maggioranza degli psicoterapeuti incontra nella pratica quotidiana sia direttamente nei pazienti narcisisti sia indirettamente, nelle conseguenze delle loro azioni su altre persone che si ammalano nella relazione col narcisista e chiedono aiuto.

Il Disturbo Narcisistico di Personalità nel DSM-V

A pagina 775 del Manuale Diagnostico e Statistico dei Disturbi Mentali, fresco di stampa nella versione italiana edita da Raffaello Cortina Editore, ecco i criteri diagnostici del narcisismo patologico, non troppo dissimili da quelli già documentati nelle precedenti edizioni:

- Ha un senso grandioso di importanza (per es., esagera risultati e talenti, si aspetta di essere considerato/a superiore senza un'adeguata motivazione).
- È assorbito/a da fantasie di successo, potere, fascino, bellezza illimitati, o di amore ideale.
- Crede di essere "speciale" e unico/a e di poter essere capito/a solo da, o di dover frequentare, altre persone (o istituzioni) speciali o di classe sociale elevata.
- Richiede eccessiva ammirazione.
- Ha un senso di diritto (cioè l'irragionevole aspettativa di speciali trattamenti di favore o di soddisfazione immediata delle proprie aspettative).
- Sfrutta i rapporti interpersonali (cioè approfitta delle altre persone per i propri scopi).
- Manca di empatia: è incapace di riconoscere o di identificarsi con i sentimenti e le necessità degli altri.
- È spesso invidioso/a degli altri, crede che gli altri lo/a invidino
- Mostra comportamenti o atteggiamenti arroganti e presuntosi.

Nel complesso, gli indicatori diagnostici si aggregano in un pattern pervasivo di grandiosità, che costituisce l'elemento-chiave del profilo del narcisista patologico.

Il Manuale stima un'incidenza percentuale del disturbo sino al 6,2% nei campioni considerati rappresentativi della popolazione dall'indagine statistica e riporta un'incidenza orientativa del 50-75% di maschi nel campione generale di diagnosi di narcisismo patologico.

Il DSM mette in evidenza le contraddizioni vissute dal narcisista: la grandiosità fa da contraltare all'estrema vulnerabilità, al senso di inadeguatezza, all'incapacità sociale e affettiva della persona, che vive spesso sospesa tra istanti di auto-esaltazione e periodi di solitudine profonda.

Un ulteriore elemento diagnostico è infatti l'abuso di sostanze: tabacco, alcol e cocaina, in particolare, possono costituire nel Disturbo Narcisistico di Personalità un tentativo di auto-terapia finalizzato ad alleviare, illusoriamente, l'inquietudine e l'insoddisfazione costanti, caratteristiche della patologia.

Il profilo è riassunto in tre pagine e risponde al criterio categoriale adottato storicamente dal manuale più consultato dai professionisti di area psichiatrica e psicoterapeutica. Si tratta evidentemente di un criterio pragmatico ma fortemente limitante: molto lontano dalla realtà, dove il clinico si confronta con sfumature e vere e proprie varianti del narcisismo, che risultano inclusive dei criteri diagnostici solo in parte e sono, invece, riconducibili a uno spettro narcisistico ampio, molto più articolato e complesso di quanto emerga dalla scarna definizione del Manuale.

Recentemente, Kernberg ha messo in dubbio la validità dell'approccio categoriale affermato dal DSM in favore di una visione dimensionale, una visione maggiormente realistica e orientata al cambiamento, più che alla diagnosi.

La psicologia narcisistica si articola su tali e tanti piani da risultare sfuggente alla nosografia psichiatrica che ha bisogno di riferimenti "certi" e non ambigui per operare diagnosi. Inoltre, il narcisismo patologico che non procura sofferenza alla persona che ne è affetta, ma solo a quelle con cui viene in contatto, risulta difficilmente collocabile tra le psicopatologie.

Tre tipi di narcisismo: il contributo di Behary

Tra gli autori più interessanti e attuali, Wendi T. Behary (2012) propone tre tipologie di narcisismo: il narcisismo sano, il narcisismo maladattivo nascosto e il narcisismo maladattivo manifesto.

- **Il narcisismo sano** descrive un individuo complessivamente adattato e capace di compensare l'egocentrismo con empatia, generosità e altruismo. Non solo il narcisista sano è inoffensivo nelle relazioni sentimentali, ma viene riconosciuto dagli altri come risorsa e come leader.
- **Il narcisismo nascosto.** Il narcisista nascosto si presenta come un virtuoso, come un paladino della giustizia, un eroe che difende la giusta morale e persegue la retta via in un mondo di ingrati e di ignoranti. È rigidamente votato alla missione di apparire migliore degli altri e li denigra per le loro debolezze e per i loro errori.
- **Il narcisismo manifesto.** Il narcisista manifesto vive in uno stato di auto-esaltazione e nella costante ricerca di approvazione altrui. Si interessa unicamente a chi lo convalida e distrugge o ignora tutto ciò che potrebbe mettere in crisi la sua aura (molto spesso immaginaria) di fascino e grandiosità.

Il continuum narcisistico

Le tipologie descritte da Behary sembrano appartenere a un *continuum*, a uno "spettro narcisistico" che va dalla polarità "sana e funzionale" alla polarità "mal adattiva". All'interno di questo *continuum* si collocano infinite sfumature narcisistiche. Si capisce meglio, così, la necessita di "pensare al plurale" e in modo multi-dimensionale per svincolarsi dal ginepraio della dipendenza affettiva.

Non tutti i narcisisti, insomma, sono pericolosi. Anzi, i narcisisti "sani" possono essere meravigliosi poeti, artisti, manager, medici impegnati o leader straordinari e non nuocere mai ad altri.

Occorre invece imparare a riconoscere i volti violenti del narcisismo maladattivo nascosto o manifesto e lavorare per interrompere la loro drammatica influenza sulle relazioni affettive e sentimentali e, soprattutto, per far fronte alla loro più radicale conseguenza: la dipendenza affettiva.

Smascherare il narcisista perverso

Per smascherare il narcisista perverso è utile, innanzitutto, considerare due variabili: l'autostima e la socialità.

Nel narcisista perverso più pericoloso le due dimensioni sono inversamente proporzionali: l'autostima si esprime soprattutto con l'autoesaltazione e l'ostentazione di sé, la pretesa del controllo assoluto, la critica feroce e tranciante. La socialità, invece, è vuota e limitata, anche questa esibita dove possibile eppure formale, superficiale e falsa.

Il narcisista perverso non s'interessa agli amici in modo autentico, a meno che non gli tornino utili, e considera letteralmente invisibili le persone con le quali non può agire il ruolo del magnifico predatore. Per esempio, i narcisisti perversi maschi eterosessuali disconfermano completamente gli altri maschi, si comportano come se non esistessero e quasi mai riescono a intrattenere rapporti d'amicizia disinteressati. Vale lo stesso per le narcisiste perverse: si sentono odiate e invidiate dalle altre donne, alle quali - a differenza dei "colleghi" maschi, che tutt'al più ignorano i potenziali rivali - tendono a contrapporsi con astio e aggressività.

Quanto più è elevato il livello di autoesaltazione e, allo stesso tempo, basso il livello di socialità, tanto più il narcisismo si polarizza sul versante disadattivo del *continuum* narcisistico.

Anche se il narcisista perverso sembra inconsapevole della propria inadeguatezza sociale e della sua solitudine, a qualche livello avverte con angoscia il suo isolamento, se ne vergogna e mente abitualmente per nasconderlo.

Una prima indicazione per smascherarlo, dunque, è imparare a porre domande sulle sue relazioni, sui suoi amici, sulla sua famiglia, facendolo con delicatezza, rispetto ed empatia ed evitando l'effetto interrogatorio. Più il narcisista è perverso, più sarà elusivo, brusco, evitante, violento o punitivo. Più è perverso, più cercherà di divincolarsi troncando di netto la comunicazione oppure ribaltando il discorso sull'interlocutore e colpevolizzandolo per la sua "inappropriata e volgare" curiosità.

Ho a che fare con
un narcisista patologico?

Leggi le seguenti affermazioni e attribuisci a ciascuna un punteggio da 0 a 2, dove:

0 = mai
1= raramente
2 = sempre

Tieni presente che non esistono risposte "giuste" o "sbagliate". Rispondi esclusivamente in base alla tua esperienza e nel modo più sincero possibile.

Questionario

1. Agisce come se fosse il centro del mondo.

   [0] [1] [2]
2. Pretende che gli altri lo trattino con particolare riguardo.

   [0] [1] [2]
3. Prende decisioni inflessibili.

   [0] [1] [2]

4. Tende a negare l'evidenza.

[0] [1] [2]

5. Non l'ho mai sentito dire "scusa", "mi dispiace".

[0] [1] [2]

6. Quando siamo in pubblico non esita a ridicolizzarmi o a trattarmi con sarcasmo.

[0] [1] [2]

7. In fondo, è una persona che non ha veri amici.

[0] [1] [2]

8. Se desidera qualcosa, la pretende con ostinazione.

[0] [1] [2]

9. È geloso in modo immotivato.

[0] [1] [2]

10. Vuole conoscere tutti i miei spostamenti ma è reticente a dirmi i propri.

[0] [1] [2]

11. È molto esigente nei confronti degli altri.

[0] [1] [2]

12. È molto severo con se stesso.

[0] [1] [2]

13. Mi punisce col silenzio.

[0] [1] [2]

14. Si offende facilmente e reagisce con attacchi personali.

[0] [1] [2]

15. Crede di essere migliore degli altri.

[0] [1] [2]

16. Trova molto spesso noiose le altre persone.

[0] [1] [2]

17. Si sofferma eccessivamente sui dettagli, ha delle "fisse".

[0] [1] [2]

18. Fuma molto, beve molto o assume droghe.

[0] [1] [2]

19. È ossessionato dalla forma fisica.

[0] [1] [2]

20. Nel giudicare l'aspetto fisico altrui è quasi crudele.

[0] [1] [2]

21. Dà la sensazione di non provare emozioni.

[0] [1] [2]

22. Si irrigidisce davanti a film o situazioni commuoventi.

[0] [1] [2]

23. Non prova alcun rimorso dopo avermi maltrattato.

[0] [1] [2]

24. Chiede di continuo l'approvazione degli altri.

[0] [1] [2]

25. Pur di sembrare superiore agli altri mente con naturalezza.

[0] [1] [2]

26. Si arrabbia violentemente quando sono triste.

[0] [1] [2]

27. Quando mi vede serena si rabbuia o mi attacca.

[0] [1] [2]

28. Ogni "no" che riceve lo rende letteralmente furibondo.

[0] [1] [2]

29. Di frequente, sebbene lo nasconda, sembra depresso.

[0] [1] [2]

30. È vendicativo e non conosce il perdono.

[0] [1] [2]

Da 0 a 25 punti

Nella tua percezione hai un/una partner equilibrato e attento/a ai tuoi bisogni. Può darsi che, a tratti, tu lo avverta "distratto/a" e un po' di gelosia in più, in effetti, gioverebbe al vostro rapporto. Infatti, se il tuo punteggio si avvicina troppo allo zero, il pericolo è che la relazione si sviluppi all'insegna dell'autocontrollo eccessivo e, alla lunga, inibisca la vostra capacità di condividere i vostri bisogni emotivi e realizzarli cooperando.

Da 26 a 45 punti

Il tuo/la tua partner presenta probabilmente aspetti narcisistici e potrebbe essere utile prestare più attenzione alla qualità del vostro rapporto. Avete una relazione paritaria e reciproca? Litigate spesso? Qual è il bilancio della vostra storia, sino ad oggi?

Maggiore è il punteggio, maggiore è la possibilità che tu ti senta dipendente e in trappola e che ti renda conto, almeno in parte, che la relazione ti frustra e che se non fosse stato per la tua pazienza sarebbe già finita.

Da 45 a 60 punti

Allarme rosso. Fermati e chiediti cosa stai e state facendo. Forse tra voi il rapporto è sbilanciato e la mancanza di reciprocità causa liti continue o una certa sottomessa sofferenza da parte tua. Rifletti sull'eventualità che la relazione manchi di chiari e condivisi confini personali e che, nonostante i tuoi sforzi, le cose non vadano. Ti senti al sicuro con lui/lei? Ti ha, sinora, dimostrato di essere sincero e affidabile? Ti senti felice? Quali sono i vostri rapporti col mondo esterno? Che cosa condividete?

Il mostro umano

Il tiranno più amato
è quello che premia e punisce senza ragione.

(Ennio Flaiano)

Le storie di dipendenza affettiva sono sempre sconcertanti, perché invischiano i suoi protagonisti in un vortice autodistruttivo da cui non sembrano volersi ritrarre, malgrado l'escalation di dolore che infligge. La logica porterebbe a pensare che i tradimenti, le menzogne, la svalutazione, l'abuso psicologico, a volte velato, altre volte eclatante e la violenza verbale o fisica che caratterizzano la relazione dipendente debbano spingere la vittima a interrompere il rapporto, ma da un punto di vista psicologico accade spesso l'inverso. Infatti, ogni mancanza e ogni attacco del membro "forte" della coppia sortisce l'effetto apparentemente inspiegabile di rafforzare il legame, mentre erode la capacità reattiva della controparte che finisce per abbandonarsi al proprio amore esasperante.

La trappola dell'ambivalenza

Le persone intrappolate nella dipendenza affettiva vivono soggiogate dall'ambivalenza: l'altro a volte è buono, romantico, affascinante, unico e speciale … altre volte diventa crudele, gelido, respingente, brutto, banale. Senza soluzione di continuità, l'oggetto dell'amore dipendente presenta due facce contrapposte ma fuse in una alchimia venefica. Di qui l'impossibilità di stabilire se sia del tutto buono o del tutto cattivo diventa paralizzante.

Pensiamo che uomini e donne che amano poco siano creature algide, individui calcolatori e anaffettivi, criminali emotivi dal fare sospetto e inequivocabile, ma non è affatto così. Al contrario, nella dipendenza affettiva almeno una delle parti presenta e agisce un'identità duplice, alterna slanci emotivi con la disarmante spontaneità di un bambino a esplosioni di rabbia o silenzi siderali; si cimenta in promesse d'amore vibranti e poi si nega con veemenza imponderabile.

Questa dualità costituisce il perno della dipendenza relazionale: la "vittima" s'innamora del volto buono del partner, dei suoi aspetti sentimentali e della sua transitoria sensibilità, lo idealizza e vi si dedica interamente, mentre minimizza o nega la "faccia cattiva", la scinde dall'oggetto d'amore perché illogica e incongruente con i propri bisogni affettivi coscienti e con l'immagine specchiata dell'amore romantico. Il mostro che incatena, maltratta, umilia, manipola, sfrutta è così in salvo, sotto la tutela della sua prigioniera, che imputa a se stessa ogni punizione e violenza subita ed è disposta a perdonare tutto, a transigere su tutto pur di intravedere una volta ancora quel fugace sprazzo di luce angelica sul viso amato.

I mostri non esistono, o almeno, non esistono nella forma stereotipata e lampante in cui pretendiamo di riconoscerli. I mostri umani, quelli veri, non hanno i denti aguzzi dei vampiri, né presentano inquietanti deformità fisiche, non emanano afrori mefitici e non girano armati sino ai denti. I mostri umani sono dotati di quella capacità mimetica che li rende come gli altri e, anzi, li fa apparire migliori degli altri: più affascinanti, più intelligenti e più dotati. Esibiscono certezze lapidarie e dispensano verità di solennità sacerdotale.

Il loro segreto consiste nello scindere e isolare quanto più possibile da sé le emozioni "negative": la paura dell'abbandono, la vulnerabilità, la potenziale fallacia di un'emozione, di una scelta o di un'azione, il timore di soccombere all'angoscia di essere perfettamente umani.

Dunque, se dal partner dipendente l'amato è avvertito come un angelo caduto in una nebulosa ipnotica di stati d'animo in contraddizione e profondamente emozionanti, il mostro si auto-percepisce come un essere perfetto indebitamente offeso dalla fragilità dell'altro e dalla sua oscena dedizione. E, più l'altro si espone e si oppone con amore incrollabile al dolore per la relazione impossibile che lo insabbia, più il mostro umano si adombra nel disprezzo e nella rabbia.

L'errore di fondo

Il dramma della dipendenza affettiva comincia e si propaga a patire da un enorme equivoco, in fondo. La "vittima" si innamora di un volto dorato e intrigante e considera le incursioni del mostro umano sulla scena della relazione come manifestazioni dovute alla propria indegnità. Si lascia colpevolizzare, soggiace alla menzogna più bieca e al tradimento palese nell'illusione di conquistare il volto buono del partner e di sollevarlo dal male oscuro che lo ammorba. Ma l'intemperanza e l'inquietudine che trapelano dalla maschera meravigliosa dell'amato, il disprezzo ferino, la bieca indolenza e le temperature siberiane del suo agire, non sono la maschera di una persona buona e quindi amabile, sono il volto pieno del mostro umano.

Il mostro vero è duale, abita la contraddizione, la incarna, è il risultato di una integrazione mancata tra le parti positive e le parti negative di sé, della sua storia emotiva, del suo vissuto rimosso, traumatico e mai elaborato di bambino straziato.

La malattia dell'amore

Gli errori in amore si pagano tutti.
Tanto vale saperlo.

Molte persone mi chiedono: "Come posso far innamorare il narcisista perverso, come posso riconquistarlo?". Altrettante, amareggiate, domandano: "Come posso vendicarmi per tutto ciò che mi ha fatto?" Sono questioni cruciali e ricorrenti nella difficile elaborazione e nel superamento di una dipendenza sentimentale, perché "come fare a fargliela pagare" o "come riconquistarlo" sono, in realtà, le polarità opposte di uno stesso sentimento ancora non risolto, ancora nel pieno del suolo potenziale patogeno. Quando un rapporto d'amore si ammala e ci ammala si riduce all'ossessione, e l'ossessione è il segno distintivo della dipendenza affettiva, indipendentemente dalle diverse forme che assume. Riconoscere l'ossessione è facile: il pensiero ne è pregno, la mente annaspa su contenuti ricorrenti, le emozioni si addensano intorno a punto centrale (la riconquista, la gelosia, il senso di colpa, la vendetta) formano mulinelli vorticosi come l'acqua che scende in uno scarico e il comportamento s'impoverisce, diventa ripetitivo, ogni cosa tende a perdere senso.

La malattia dell'amore è la dipendenza affettiva, l'incapacità di svincolarsi da un rapporto insoddisfacente, doloroso, spesso vessatorio e umiliante, altre volte semplicemente vuoto e gelido, un rapporto dalla trama interrotta da lunghi silenzi, sms telegrafici e banali, aspettative deluse e incontri mancati. Rimuginare sulla vendetta sembrerebbe un passo avanti, ma è un indicatore di dipendenza mascherata, analogo al più evidente sintomo dell'ossessione della riconquista.

Vendetta o riconquista?

Malgrado la loro apparente diversità, l'ideazione di vendetta e quella di riconquista sono accomunate da una convinzione centrale che costituisce il nucleo della dipendenza: l'illusione che le proprie azioni possano finalmente influenzare lo stato d'animo dell'altro e la tendenza a organizzarle perché sortiscano un effetto emotivo. Il dipendente affettivo non riesce ad accettare il fatto che la relazione patologica che chiama erroneamente "amore" si distingue per la pressoché totale mancanza di reciprocità e per la forte distorsione delle proprie aspettative sull'oggetto d'amore. Mancanza di reciprocità vuol dire che gli individui imprigionati nella "malattia dell'amore" pensano, sentono e agiscono considerando unicamente il proprio punto di vista e si relazionano inconsapevolmente non con l'altro ma con un ideale dell'altro. Per questa ragione le storie di dipendenza affettiva sono caratterizzate da episodi sconcertanti: minime incomprensioni diventano lacerazioni insanabili, eclatanti dimostrazioni d'amore vengono ignorate, i tradimenti più crudeli e le parole più efferate vengono "dimenticati" in fretta e liquidati con la promessa di ricominciare da capo. Insomma, salta il nesso "sano e funzionale" che collega le persone attraverso azioni e reazioni appropriate.

Per esempio, in un rapporto d'amore l'ambiguità e le incertezze di un partner possono causare il dolore dell'altro ma, dopo un certo tempo, promuovere la reazione auto-difensiva di concludere la relazione e guardare oltre, scelta che contiene rispetto per se stessi e per i sentimenti altrui. In una dipendenza affettiva, invece, le ambiguità e le incertezze sentimentali di una parte producono un attaccamento sempre maggiore, inseguimenti estenuanti, ostinati tentativi di persuadere l'altro e "indurlo" all'amore con strategie di seduzione, giochi psicologici, ricatti velati o manifesti e altre condotte "irrazionali" che violano apertamente l'integrità sia del partner che li compie che di quello che li "subisce". In tutti i casi, viene meno la capacità di rappresentarsi realisticamente l'altro, di considerarlo appunto "altro da sé" e di rigettarlo quando, in quanto individuo separato, agisce comportamenti lesivi per il proprio equilibrio sentimentale.

La soluzione illusoria.

Chi è ancora imprigionato nel labirinto della malattia dell'amore vive il dramma di cercare di pensare con la testa dell'altro senza accorgersi che, comunque e sempre, pensa con la propria testa. Quando una relazione è fonte di un dolore così intenso e di conseguenze così tragiche come accade nella dipendenza affettiva, bisogna accettare l'impossibilità di comprendere l'altro, rinunciare a trovare "motivazioni logiche", perché risponderebbero alla propria logica, che non è in alcun modo quella del partner. Usare la propria testa, identificare e rispettare i propri bisogni affettivi, incamminarsi verso relazioni soddisfacenti e possibili: fatti così semplici, nella dipendenza affettiva assumono la proporzione di ostacoli colossali. Per questo, non potendo cambiare l'altro si arriva alla soluzione, illusoria, di agire su se stessi: reprimersi, controllarsi, mettersi da parte, auto-punirsi credendo che, così facendo, si stabilirà una parvenza d'amore. Sembra assurdo, ma nella psicologia delle dipendenze sentimentali questa scelta è governata dalla stessa logica che mantiene e rinforza la patologia: la totale assenza di riguardo per se stessi, l'intima convinzione di non valere niente e l'idealizzazione simbiotica col partner, concepito come una sorta di totem magico e potentissimo davanti al quale chinare la testa, sperando nel miracolo dell'Amore.

"Vincere senza combattere" è un antico stratagemma dell'arte della guerra e vale quando, come accade nella dipendenza affettiva, la guerra stessa diventa l'essenza della relazione. Abbandonare il campo, dismettere ogni strategia, replica, comunicazione con l'avversario finisce per sconfiggerlo. Inutile, dunque, cercare la vendetta o escogitare metodi per la "riconquista". La vera vittoria è imparare a "lasciare andare" ciò che non funziona, ciò che ferisce e ciò che fa male e imparare a prendersi cura di sé, a proteggersi dalle trappole psicologiche, dagli auto-inganni e dagli assalitori presenti e futuri.

Nella mente del Narcisista Perverso

Il narcisismo non consiste,
come comunemente si crede,
nell'incapacità di amare,
ma nell'incapacità di accogliere
l'amore dell'altro.

La psicopatologia scaturisce spesso dalla mancanza di senso, dall'impossibilità di rintracciare una qualche coerenza, un significato accettabile in ciò che ci accade. Come esseri umani, in ambito relazionale e affettivo abbiamo l'impellente necessità di capire il 'perché' di un dato comportamento e la soddisfiamo spesso attraverso la logica lineare o causale, che presuppone l'esistenza di una causa e di un effetto. Per esempio: "Se sono attento e premuroso (causa) l'altro mi premierà con l'affetto (effetto)"; "Se l'altro mi rifiuta (effetto) vuol dire che ho sbagliato qualcosa o qualcosa non va in me (causa)". La logica causale fornisce un modello iper-semplificato delle dinamiche relazionali e si dimostra tanto più inefficace quanto più è complesso il contesto interattivo su cui la applichiamo. Infatti, i rapporti umani rispondono a una psico-logica che ha poco a che vedere con la logica lineare. La comunicazione è un fenomeno circolare (Watzlawick et al., 1974) in cui "cause" ed "effetti" sostanzialmente non esistono, ma costituiscono una mera e arbitraria riduzione della complessità a segmenti lineari di "se ...

allora" che utilizziamo per semplificarci la vita e muoverci agilmente in un universo ignoto: la nostra stessa psicologia, quella dell'altro e le infinite risultanze dell'interazione tra queste due sfere.

Elementi di problem-solving relazionale

Ogni situazione di conflitto interpersonale, ogni crisi psicologica, ogni evento relazionale traumatico (come un tradimento, una separazione o un lutto) sfidano le 'teorie lineari' sulla realtà che abbiamo intessuto nel corso di esperienze relazionali pregresse e le sfibrano. Ci lanciamo così alla ricerca di "perché" (di cause) nell'illusione che solo così potremmo arginare e risolvere le conseguenze di un disastro emotivo. Quando il problema riguarda il rapporto con l'altro, uno degli errori più comuni è tentare di comprendere i motivi delle sue azioni partendo al presupposto che la sua mente funzioni come la nostra e di utilizzare inconsciamente il nostro modo di vedere la realtà per cercare possibili soluzioni. I rimedi derivanti da questa strategia, di solito, "peggiorano il male", proprio perché basati sulla convinzione implicita che l'altro pensi a modo nostro, condivida le medesime convinzioni e gli stessi nostri valori. Interpretare le comunicazioni della controparte secondo il proprio punto di vista finisce per aumentare le distanze ed esacerbare i conflitti. Viceversa, quando siamo disposti a dialogare su come percepiamo una certa situazione e l'altro ci offre spiegazioni sul proprio soggettivo vissuto è più facile elaborare soluzioni efficaci, soddisfacenti per entrambi.

Non i "perché" ma i "come"

Quasi sempre i "perché" di ambo le parti rappresentano solo parzialmente la realtà del rapporto e, una volta condivisi, aiutano a comprendere che il problema è originato da una concatenazione progressiva di distorsioni comunicative e fraintendimenti reciproci. Lavorando su come i partner hanno co-costruito i presupposti del conflitto diventa possibile, nella gran parte dei casi, risolverlo e rinsaldare il rapporto.

Questi brevi cenni sul problem-solving interpersonale valgono a condizione che le parti in causa si considerino impegnate nella relazione, che nutrano un interesse autentico l'una nei confronti dell'altra e si riconoscano reciprocamente lo stesso valore. Nelle relazioni dipendenti, sin dal principio impegno, interesse e parità di valore mancano alla base: il rapporto è improntato su una forte e rigida complementarietà, con un partner che si percepisce (o di fatto è) "dominante" e l'altro che subisce, più o meno consapevolmente, questa definizione e si sforza per conquistare amore e approvazione. Ciò avviene perché il partner "debole" agisce in buona fede sulla base del presupposto errato "se avrò pazienza e mi comporterò bene (causa), l'altro cambierà (conseguenza)"; "l'altro mi ignora, mi maltratta o mi punisce (conseguenza) perché io non sono o non faccio abbastanza" (conseguenza).

La "distorsione causale" nella dipendenza affettiva

È evidente che la logica causale utilizzata dal dipendente affettivo per risolvere un rapporto così frustrante e sbilanciato compone sequenze lineari che vanno tutte a proprio discapito e che si concentrano quasi interamente su di sé e sulle proprie mancanze, senza considerare adeguatamente gli errori e le inadempienze del partner. Questo, quando la controparte presenta tratti narcisistici, non fa che esaltare ulteriormente il suo potere percepito ed esasperare l'asimmetria della relazione. Se poi il partner è un narcisista, il sistema diventa un gioco al massacro, una gogna continua, un tribunale perverso che condanna sempre e inappellabilmente il dipendente affettivo, costretto ogni giorno di più a espiare la sua presunta e consensuale inadeguatezza mentre coltiva il miraggio che, dopo tanto penare, arriveranno la grazia dell'amore del suo inquisitore.

Un rapporto a doppio cieco

Il dramma è che nella dipendenza affettiva la relazione non esiste e nessuno se ne accorge. Voglio dire che il dipendente affettivo finisce per concentrarsi completamente su di sé, sui propri "errori", sul proprio dolore, perdendo di fatto la percezione realistica del "soggetto" che "ama", "soggetto" che diventa oggetto, totem, utopia. Nulla di simile all'originale narcisista, instabile e a propria volta gravemente avulso dalla realtà e dalla relazione. Nella mente del narcisista l'altro non esiste, non esiste come interlocutore, non esiste come persona, ma è solo specchio e strumento per convalidare la propria immagine e arricchire una narrazione egocentrica, grandiosa, che necessita di vittime da sacrificare alla propria personalità despota e sovrana.

Il narcisista e la sua partner sono due ciechi incapaci di vedersi l'un l'altro, condannati a presupporre l'esistenza di un "amore" che è soltanto la proiezione terrificante dell'incapacità di amare qualcuno all'interno di una realtà psicologica diversa: congiunta, appagante, condivisa e progettuale.

Nodi, traumi e timori

Sia il narcisista che la sua "vittima" sono psicologicamente individui estranei, alienati, isolati irrimediabilmente l'uno dall'altro, persone che insistono nel cercare di risolvere un problema a livello relazionale, un problema che non esiste, che non esiste in quanto la relazione stessa non esiste e, spesso, non è mai esistita se non come un alibi inconsapevole per evitare, ciascuno a proprio modo, di affrontare una volta per tutte il problema reale: il rapporto con se stessi, con la percezione di sé, con una storia personale piena di nodi e di discontinuità, di timori e di traumi.

Capire il narcisismo attraverso il mito

Secondo il mito, Narciso era un giovane dalla bellezza magnetica e irresistibile che morì annegato in una fonte, stregato dalla propria immagine riflessa di cui si era innamorato perdutamente. La mitologia narra una storia affascinante e complessa, che descrive un ragazzo sprezzante e superbo, intento nel sedurre e poi respingere violentemente uomini e donne che, ad ogni età, si invaghivano di lui. Oltre alla versione di Ovidio, antichi scritti riportano dettagli del mito preziosi per comprendere a fondo il suo potere evocativo universale e la sua influenza culturale, dettagli che permettono di analizzare il disturbo della personalità che prende il nome dal tragico protagonista della storia: il narcisismo.

La famiglia di Narciso.

Narciso è il frutto di un rapporto violento. Il padre Cesifo, dio dell'omonimo fiume, violentò e imprigionò la ninfa di fonte Liriope per possederne la bellezza. Si tratta di un elemento interessante, perché anche nella realtà il narcisista è concepito e allevato all'interno di una relazione coniugale dolorosa e fortemente sbilanciata e, quando non viene utilizzato per gratificare i bisogni affettivi di un genitore, cresce in un clima di esaltazione di sé dato dalla centralità che gli viene assegnata all'interno della famiglia. Spesso i genitori del narcisista impongono al bambino regole nette e perentorie, e standard molto elevati ai quali subordinano il loro amore. "Devi essere perfetto o non ti ameremo", sembrano ripetere continuamente. Così, il narcisismo può essere inteso come un tentativo infantile di non soccombere alla confusione affettiva, un tentativo di non disgregarsi e dissolversi nel senso di inadeguatezza derivante dalle richieste di uno o di entrambi i genitori. Tornando al mito di Narciso, è probabile che il padre Cesifo, prevaricante, violento e possessivo, rappresenti il vero precursore del narcisismo perverso per via della cruenza con cui imprigionò l'arrendevole ninfa che, dopo lo stupro, partorì Narciso. Questo è un altro legame del mito con le acquisizioni della psicologia e della psichiatria: anche nella realtà è frequente che i narcisisti abbiano o abbiano avuto a propria volta un genitore narcisista.

La tragedia affettiva della famiglia di Narciso sembra permearlo totalmente, sino alla tragica fine: una morte acquatica, una morte per affogamento in una fonte che, osservata con occhio analitico, fa pensare a un tentativo inconscio di riunirsi alla madre Liriope (ninfa della fonte) e, allo stesso tempo, ripeterne il destino rimanendo inghiottito dall'acqua proprio come essa si lasciò imprigionare da Cesifo, dio fluviale. In questo senso, Narciso e i narcisisti si somigliano: affogano miseramente in un amore irrisolto e impossibile, spesso malsano, ripetendo, senza accorgersene e in forma distorta e amplificata, gli schemi appresi nell'infanzia mai riconosciuti e mai davvero affrontati.

La pubertà di Narciso.

Ovidio racconta di un Narciso adolescente che incanta uomini e donne, tutti atrocemente respinti. Narciso, come i narcisisti, non conosce l'empatia: si mostra indifferente alle conseguenze sentimentali e umane della sua condotta e, anzi, sembra compiaciuto del dolore che causa. Anche sul piano clinico, il narcisista disprezza tutti, tutti gli appaiono inferiori, sciocchi, ingrati, indegni e la violenza con cui li umilia è pari soltanto alla rabbia di non poter amare nessuno, rabbia che è rivolta interamente verso il prossimo, verso l'altro, verso l'esterno ritenuti colpevoli di lasciarlo solo a causa della loro deludente pochezza. La sua dannazione è la solitudine.

Scavando nella leggenda, Narciso è, infatti, disperatamente solo con la sua bellezza, prigioniero dell'arroganza e della superbia mutuate del padre e dalla sottomissione materna. Come Cesifo soverchia Liriope, che ama suo figlio, così Narciso, in un'identificazione rozza e crudele col dio fluviale, suo padre, prevarica e distrugge indiscriminatamente chiunque gli porti l'amore. In qualche modo, Narciso sembra impegnato in una competizione di crudeltà col padre, un gioco di potere che, per imitazione, lo spinge a fare di peggio e di più. Altro elemento ricorrente in psicologia clinica: i narcisisti sono invischiati sin dall'infanzia in un rapporto d'amore-odio con un padre percepito come potente, affettivamente avaro, rigido e dominante; o con un padre assente, separato dalla madre o defunto, che viene idealizzato e avvertito come un semi-dio. Odiano il padre ma, poiché egli possiede il controllo sulla madre, imparano inconsciamente a interiorizzarlo e a competere con lui sul piano del possesso e della distruzione. Per questo possono diventare perversi.

Il delitto di Aminia

La versione di Ovidio del mito di Narciso è la più nota, ma Conone aggiunge alla leggenda un passaggio fondamentale e terrificante. Conone narra di Aminia, un ragazzo innamorato di Narciso che, a differenza di altri, non si rassegnò al suo rifiuto e lottò ostinatamente per conquistarlo. Così Narciso gli donò una spada e gli chiese di trafiggersi come estrema prova d'amore. Aminia si suicidò obbediente ma, in punto di morte, maledisse Narciso invocando gli Dèi. Questo drammatico episodio del mito mostra un altro aspetto ricorrente nella vita dei narcisisti perversi, quelli reali: prima di avventarsi sulle donne hanno sperimentato relazioni omoaffettive con ambivalenza e freddezza, decretando la distruzione dell'amico di turno che, come Aminia, sarà spinto sino al paradosso dell'auto-distruzione.

Continuando nel parallelismo tra mito e realtà, i narcisisti perversi non riescono a intrattenere amicizie con uomini che non s'innamorino di loro, perciò costruiscono rapporti formali con le persone del proprio sesso, con l'eccezione di "amici" adoranti, evitano maschi che rappresentino "un'autorità" ed entrano facilmente in conflitto con chi costituisca una minaccia alla loro egemonia. Passata l'adolescenza, il narcisista risulta spesso un individuo isolato che si fa compagnia andando a caccia di prede che leniscano il suo senso di inadeguatezza sociale e l'incapacità di intessere rapporti stabili e autentici.

Il mito di Eco e la fine di Narciso

La ninfa Eco, che si consuma per l'amore non corrisposto sino a morirne, incarna, nel mito, la figura della dipendente affettiva. Eco insegue Narciso per i boschi e lui, interessato soltanto alla propria immagine riflessa, la ignora infliggendole una sofferenza fatale. Eco resta innamorata di Narciso malgrado il suo rifiuto e, letteralmente, si dissolve nel proprio dolore, diventando una voce tra gli alberi. La figura di questa ninfa disperatamente e ostinatamente legata a Narciso è ricca di elementi metaforici che la avvicinano alla psicologia delle dipendenti affettive: è una donna che rinuncia a se stessa, una donna che si perde in un sentimento privo di sostanza e di senso, un sentimento forse acceso e alimentato proprio dal rifiuto e dall'impossibilità di compiersi.

Eco, inoltre, come accade di frequente nel passato di chi soffre di dipendenza affettiva, proviene da una storia di esclusione e d'abuso. Ovidio racconta che la ninfa fu notata da Zeus per l'abile e instancabile parlantina e che il Padre degli Dei le chiese di distrarre a suon di pettegolezzi la propria moglie, Giunone, in modo che lui potesse tradirla con le ninfe dei monti. Ma Giunone si accorse dell'inganno e inflisse alla ninfa una terribile punizione: le tolse la possibilità di parlare e la condannò a ripetere per sempre le ultime parole udite dall'interlocutore.

Se si guarda a Zeus e Giunone come coppia genitoriale, Eco è una figlia utilizzata dal padre per i propri scopi e usata contro la madre. Zeus è un padre inaffidabile, scorretto, incostante ma intriso di un fascino indiscusso; Giunone è una madre severa, punitiva, che stabilisce con la figlia un legame condizionato a ciò che quest'ultima può fare per lei. Questi elementi ricorrono anche nella realtà dell'infanzia di chi poi sviluppa una dipendenza affettiva. È interessante anche l'attitudine di Eco al pettegolezzo riportata nel mito perché, proseguendo nel parallelo con la realtà, un tratto ricorrente nei soggetti dipendenti è la tendenza a "straparlare", a dire tutto quello che pensano, a riferire ogni cosa agli altri, come se non riuscissero a tracciare confini dell'identità chiari e stabili senza riferirsi a un soggetto esterno.

Il ruolo della ninfa Eco aggiunge fascino al mito di Narciso, proprio come la dipendente affettiva – più o meno consapevolmente – nutre e amplifica il sentimento di potere e di grandiosità del suo "narcisista". Eco si strugge e si autodistrugge mentre Narciso la ignora e la ridicolizza, preferendo la propria immagine a lei; allo stesso modo nel mal d'amore, le "vittime" continuano a cercare il legame col partner designato sia quando ogni evidenza dimostra che il rapporto non funzionerà mai sia quando il partner le umilia, le maltratta o le soggioga.

Narciso muore annegato, Eco si dissolve, rimanendo in qualche modo viva, imprigionata in una morte vivente come lamento tra i boschi, viva nella sua condanna di ripetere in eterno le ultime sillabe dette dagli altri. Anche nella realtà, i protagonisti della dipendenza affettiva vivono un destino tristissimo: la solitudine affollata di spettri, confusa da congetture e fatta di miraggi d'amore illusorio.

Il mito di Narciso suona come un monito e sembra affermare che l'amore impossibile è realmente impossibile. Un messaggio semplice che attraversa i secoli, ma non raggiunge gli umani, né li distoglie dal contrastare le proprie fragilità.

Gli schemi della "ricattura" narcisistica

È così dolce essere amati,
che ci accontentiamo anche dell'apparenza.
(E. D'Houdetot)

La paura di essere abbandonati e rimpiazzati è tra gli elementi più caratterizzanti la dipendenza affettiva e rappresenta il principale motivo per cui chi ne soffre si aggrappa all'oggetto d'amore con tutte le proprie forze, al di là di ogni evidenza circa la natura precaria e patologica della relazione. Così il narcisista perverso fonda il proprio potere sul terrore dell'abbandono e del tradimento, è in qualche modo consapevole che più susciterà nella partner sentimenti di inadeguatezza, più acquisirà il controllo della sua vita e soddisferà in questo modo i propri bisogni narcisistici. La "vittima" dell'ossessione amorosa percepisce il compagno potente e desiderato, lo idealizza e lo esalta senza sospettare minimamente di avere a che fare con una personalità fragile e con un'affettività sgretolata, né immaginare di essere in realtà indispensabile per il proprio "carnefice". Lo dimostra il fatto che quando la partner rompe lo schema della dipendenza, il narcisista perverso tenta la sua ricattura con strategie mirate a recuperare la relazione. Questo comportamento spiazza completamente chi è impegnato nella fatica, a volte davvero immane, di "disintossicarsi" e può alimentare l'illusione amorosa.

43

"Se torna da me, vuol dire che mi ama", "Se torna, vuol dire che mi ha perdonato per tutti i miei odiosi difetti", "Ora cambierà tutto e mi impegnerò a fondo perché la relazione funzioni" tende a pensare la "vittima", ignara di ricadere drammaticamente nella dipendenza e di esporsi ad altri mesi o anni di sofferenza inutile.

Gli schemi della "ricattura" narcisistica.

Nella logica del narcisista perverso, l'abbandono è inammissibile. La fuga della preda è vissuta come una ferita dell'identità, un attacco imperdonabile al bisogno di esercitare controllo e potere sull'altro. Ciò motiva, di solito inconsciamente, quelli che alla "vittima" sembrano ritorni di fiamma e riavvicinamenti sinceri e che sono invece trappole. Nell'analisi di decine di casi ho osservato che i narcisisti ricorrono a schemi di ricattura fissi. C'è una ricorsività inquietante nella struttura di questi comportamenti e nelle risposte che suscitano nella preda, la quale di frequente casca in uno dei tranelli e riprende la danza macabra del mal d'amore.

Gli schemi di ricattura posso presentarsi da poche settimane dopo la chiusura della storia ad anni dalla fine del rapporto.

In questo senso, la "vittima" non può mai abbassare la guardia e deve sapere di correre pericoli anche a distanza di molto tempo, a meno che non abbia raggiunto un nuovo equilibrio psicologico e affettivo, tale da immunizzarsi dall'influenza del narcisista. Ma in questo caso, l'ex-dipendente affettiva non nutrirebbe alcun interesse per il suo passato "amore".

Gli schemi di ricattura o "piani di ricattura" sono quattro:

- lo schema del silenzio;
- lo schema della colpa;
- lo schema della lusinga;
- lo schema del sintomo.

Lo schema del silenzio

Quando la preda si ribella al giogo della dipendenza affettiva esasperata dal dolore e piegata dall'evidenza, la prima mossa del narcisista perverso è restare immobile. Conosce la vittima, sa che non riuscirà a svignarsela così facilmente, la immagina, spesso a ragione, arrovellarsi nell'ossessione, consumarsi in pianti, soffrire al punto che tornerà più "innamorata" che mai. Inoltre, la tentata evasione del/la partner comporta per l'aguzzino sentimentale il vantaggio secondario di prendersi una pausa da una relazione che sentiva già "troppo impegnativa" e dedicarsi alla sua attività preferita senza complicazioni: trastullare se stesso. Il narcisista perverso ha un senso del tempo decisamente lato: se per la sua "vittima" un'ora è un secolo, per lui settimane sono niente ed è, per questo, abile nell'arte dell'attesa, come un ragno delicatamente addormentato sulla sua tela.

Lo schema del silenzio è sempre il piano A. Non comporta alcuna sofferenza per il narcisista, anzi, costituisce un gioco divertente che culmina nel ritorno della pecorella all'ovile che, così, alimenta il suo sentimento del potere. Mentre l'altro/a si dibatte in un dolore assoluto, il narcisista ricorda un rettile freddo e distaccato in grado di sopravvivere senza cibarsi per settimane, matematicamente certo che il silenzio gli renda giustizia e renderà la vittima ancora più debole e disponibile al sopruso.

Esperto predatore, il narcisista perverso sa bene, inoltre, che la partner non lo lascerà del tutto a digiuno: guarderà la sua pagina su Facebook, gli manderà messaggi indiretti, gli invierà al culmine della disperazione un sms o un biglietto paradossale come "ho deciso di non farmi più sentire da te"!

Se poi, la strategia del silenzio non funzionasse, c'è il piano B: lo schema della colpevolizzazione.

Lo schema della colpa

Se lo stratagemma del silenzio non dovesse funzionare perché la preda è decisa a sottrarsi al gioco della dipendenza, il narcisista perverso cambia schema e adotta il suo preferito, quello che, quando la relazione era intatta, meglio asserviva il/la partner e lo/la inchiodava nel rapporto. Lo schema della colpa è una scaltra miscela di accuse e di offese, di insulti e di squalifiche, di teoremi finalizzati a distruggere l'autostima dell'altro per indurlo a tornare sulle proprie decisioni mosso dall'illusoria possibilità di riscattarsi nell'opinione del narcisista e, allo stesso tempo, dallo sconforto di credere veramente di essere sgradevole e indesiderabile e non avere altra scelta che accontentarsi di un "amore" fatto di vessazioni e di infelicità.

Il narcisista perverso è un arciere infallibile: sa dove colpire e fa centro intercettando punti nevralgici della preda: l'immagine corporea e la sessualità ("Sei grassa.", "Fai l'amore da schifo, chi ti vuole?"); i valori e la morale ("Ha approfittato della mia

46

pazienza", "Sei una tr***, mo' tanto ti fai tutti"); gli affetti e la famiglia ("È colpa di quel tuo amico/ tua madre/tua sorella se siamo in questa situazione", "Ti accompagni con quella gentaglia e sei veramente diventata uno schifo come loro"). Questi i tre bersagli preferiti perché, stimolati con la giusta crudeltà, possono generare un dolore forte nella vittima, un dolore che stordisce e che le impedisce di difendere la propria integrità e la propria decisione di interrompere il massacro.

Per veicolare lo schema della colpa, il narcisista perverso usa in primis canali indiretti, come Facebook, Msn, sms, chat, perché il suo mantra rimane sempre e solo "ottenere il massimo col minimo". E allora è una sassaiola di recriminazioni che inducono il soggetto dipendente a rispondere, rendersi disponibile per un "chiarimento". Se le comunicazioni via media non riuscissero suscitare l'effetto dovuto, ci sono altre modalità per offendere. Per esempio, far sapere in qualche modo di avere altre "simpatie" o direttamente costruire una situazione per scaricare sulla vittima tutta la propria (narcisistica) delusione … e il gioco è fatto. La trappola è chiusa ad arte. La ricattura è avvenuta.

La fallibilità del piano B è bassissima perché, per quanto possa apparire assurdo, per le "vittime" vedere confermate le proprie convinzioni negative su di sé rappresenta un richiamo irresistibile e costituisce una nuova, sempre illusoria, occasione di riscatto e di conquistare finalmente il "vero amore".

Lo schema della lusinga

Il narcisista perverso congegna questa trappola se i due precedenti schemi di ricattura (silenzio e colpevolizzazione) non hanno funzionato. La strategia della lusinga consiste nel dire alla vittima quello che lei si aspetta e che vorrebbe sentirsi dire, infarcirla di complimenti, alludere al sentimento amoroso di cui è affamata presentandolo come una possibilità concreta, farle credere che la relazione avrà un futuro. "Ho dei progetti per noi due"; "Sei sempre nei miei pensieri"; "Sei una persona speciale", frasi che esprimono bene lo spirito della ricattura basata sulla lusinga. Balza subito agli occhi che non si tratta certo di poemi né di proclami d'amore; pochi narcisisti, infatti, si spingono oltre dichiarazioni melliflue e vaghe, perché per la partner dipendente sono sufficienti a scatenare il delirio amoroso e a scardinare la ferma decisione di salvarsi.

La lusinga ha la funzione di riaccendere la speranza nella vittima al fine di ri-acquisire il controllo psicologico su di lei. Ripreso il controllo, l'autostima del narcisista perverso, compromessa dal tentativo di fuga della preda, è istantaneamente riparata, con la conseguenza di riportare il rapporto allo stadio precedente.

Lo schema della lusinga può essere di tipo indiretto o diretto. Il primo, quello meno "costoso" dal punto di vista emotivo, è quello prediletto dal narcisista e sfrutta i social-network, gli sms o gli mms. Per esempio, basta una canzone melensa per suscitare nell'ex-partner un tripudio di nostalgia irragionevole e di inarrestabile tenerezza ... e il gioco è fatto. La lusinga diretta, invece, consiste nel fare un piccolo regalo, inviare fiori o in un invito a cena inaspettato con l'intento ufficiale di "chiarire" la situazione. In questi casi, il narcisista perverso sarà espertissimo nel dire e non dire e, senza esporsi affatto, lascerà ancora una volta che la vittima precipiti nuovamente nella sua tela. Anche se raramente, può verificarsi che la partner resista alle prime lusinghe perché troppo ambigue. In questi sporadici casi, il narcisista può arrivare a promettere un cambiamento e a parlare d'amore … tranne poi smentirsi una volta avvenuta la ricattura. Se lo schema della lusinga dovesse fallire rimangono ancora due mosse: tornare all'insulto e alla colpevolizzazione dello schema precedente oppure sfoderare l'arma finale, l'asso nella manica: lo schema del sintomo.

Lo schema del sintomo

Quando una delle trappole precedenti (silenzio, colpa e lusinga) non funziona, il narcisista perverso ne seleziona un'altra e, in caso di fallimento, passa all'altra ancora. Silenzi, colpevolizzazioni e lusinghe possono alternarsi più e più volte: il risultato è un vortice esasperante di comportamenti ambigui e ambivalenti che stordiscono e ricatturano la preda.

È solo una questione di tempo, di solito bastano poche settimane, qualche mese al massimo per sfibrare la volontà della "vittima" e indurla alla resa del ritorno. Il narcisista non ha particolare fretta, a meno che non intuisca che le sue strategie sono state smascherate e che il suo potere è al tramonto. Se osserva il fallimento ripetuto dei tre schemi di ricatture di base può reagire con forte rabbia e dolore e corroborare nella partner l'impressione cha la ami davvero. "Ha bisogno di me e non lo sa, perché ha paura dell'amore ... Ma il tempo lo cambierà". Questa, la patetica insegna della sconfitta, l'inizio di un incubo peggiore del precedente.

La fuga ostinata e inarrestabile della partner non più dipendente, né assoggettata ai voleri del narcisista perverso scatena un'emotività distruttiva e disorganizzata, molto simile alle reazioni di un bambino. Pianti, discorsi sconnessi, lancio di oggetti, azioni auto-lesioniste e abuso di alcol o di sostanze possono preludere all'estremo tentativo di ricattura narcisistica: lo sviluppo del sintomo. È importante sottolineare che non si tratta di un sintomo simulato o di una recita, perché il narcisista si ammala davvero e, inconsciamente, utilizza la propria condizione per richiamare a sé la ex-partner. "Mi sono rotto una gamba", "Forse ho un tumore al cervello", "Non dormo da giorni e non mangio, non so che cosa mi succede" sono esempi di sintomi utilizzati per la ricattura basata sul sintomo. Potrebbero sembrare esche psicologiche stupide e infantili, e lo sono senz'altro sul piano della logica ordinaria, ma la partner dipendente abbocca, cede dicendosi che non può lasciare da solo in circostanze così gravi "l'uomo che ha amato", a dimostrazione che nelle dipendenze affettive vige la psico-logica ...

Lo schema del sintomo rappresenta l'apice della patologia, la vetta della dipendenza. È la dimostrazione estrema del bisogno di controllo, dell'egoismo e della mutilazione affettiva cui i narcisisti perversi sottopongono se stessi e le persone che "amano".

La prova più difficile per chi vuole interrompere la dipendenza è rifiutare l'idea illusoria di poter veramente prendersi cura dell'altro, è mettere da parte l'aggressore con sano e consapevole egoismo prima che si riprenda e azzanni di nuovo. A molti livelli, la sofferenza psichica e/o fisica "aggancia" le persone imprigionate in una dipendenza affettiva. Spesso rivedono nel narcisista perverso un genitore punitivo da riconquistare o un genitore depresso da consolare con accondiscendenza infantile.

Resistere per vincere

La prima cosa da fare consiste nello smascheramento degli schemi. È doloroso ma indispensabile. Che cosa sta facendo il tuo narcisista perverso? Quale schema di ricattura attua? Quale trappola userà quando l'ultima attuata risultasse inefficace? Alla luce dei suoi schemi di ricattura non è certo il Principe Azzurro, ma un kamikaze imbottito di tritolo che sorseggia tranquillamente un drink sdraiato con te, sul tuo letto. E tu cosa vuoi fare?
La violenza della ricattura psicologica attraverso il sintomo nelle dipendenze affettive può toccare apici sconcertanti e stabilire legami assoluti, legami basati sulla dedizione verso il narcisista malato, situazioni da cui, a un certo punto, può diventare impossibile uscire. Perché la malattia dell'altro, che lo mostra fragile, arreso, distrutto, fa leva su un nucleo dolente: il senso di colpa, il bisogno di rendersi utili, l'illusione di essere riconosciuti che affligge e accomuna le "vittime" dei narcisisti perversi. Uscirne è possibile, purché si ritrovi il rispetto per se stessi e lo si difenda fermamente, lasciando l'altro in balia dei suoi mostri e del suo specchio. Senza Appello e Per sempre.

La narcisista manipolatrice

Vittime e carnefici si scoprono nello stesso disgusto,
si riconoscono dalle stesse fatiche.
(Laurent Mauvignier)

Il narcisismo patologico non è una prerogativa maschile, ma può apparire tale sotto i riflettori delle testimonianze di tante donne soggiogate da narcisisti perversi. Anche la letteratura specialistica riserva uno spazio esiguo al narcisismo femminile e sembra alimentare la falsa credenza che la manipolazione affettiva sia appannaggio del cromosoma Y.

In parte, questo deriva dal fatto che le acquisizioni sui narcisisti provengono soprattutto dall'osservazione clinica e dalla narrazione delle loro "vittime" e che le donne in una condizione di disagio psicologico sono più propense dei maschi a portare all'attenzione di uno specialista la propria storia affettiva.

Gli uomini invischiati in una dipendenza sentimentale con una narcisista preferiscono tendenzialmente evitare di chiedere aiuto, persuasi dallo stereotipo sociale che, ancora oggi, impone al maschio il "codice d'onore" di cavarsela da solo e aggiunge alla sofferenza della relazione disfunzionale, sentimenti di colpa e vergogna. Questi sentimenti rendono parzialmente invisibili le narcisiste e il loro funzionamento relazionale proprio perché le loro prede maschili, a differenza delle vittime femminili, le "coprono" e scelgono il silenzio.

La narcisista manipolatrice

Il corrispondente femminile del narcisista perverso esiste nella narcisista manipolatrice: la donna che, malgrado la differenza di genere, riproduce col partner l'inferno di corsi e ricorsi, di abbandoni, di svalutazioni e vessazioni ben note quando il "carnefice" è, invece, un uomo. I tratti più rappresentativi della narcisista sono:

- l'illusione di unicità e grandezza del sé;
- la credenza di essere speciale e di possedere la verità;
- la pretesa di continue prove d'amore e di riconoscimento;
- l'invidia.

Presa in un vortice di egocentrismo, è carente nella capacità di interpretare correttamente le emozioni altrui e tende a leggere con malizia machiavellica persino i comportamenti più limpidi e autentici.

Nel narcisismo femminile patologico c'è la marcata tendenza a un'ideazione persecutoria che produce continui conflitti e rotture interpersonali motivate con l'ingratitudine e la cattiveria degli altri.

Nella relazione affettiva, la narcisista manipolatrice si comporta inizialmente come il narcisista perverso. È capace di slanci sorprendenti, di azioni grandiose e dichiarazioni d'amore eclatanti. Appare avvolgente, adorante e generosa prima di passare, come il narciso, alla successiva fase distruttiva. Ma le analogie finiscono qui, perché dove il maschio diventa incostante ed espulsivo verso la partner, la narcisista donna si impegna in un incessante invischiamento col compagno e incentra la relazione sulla pretesa di cambiarlo da cima a fondo.

Il presupposto che sostiene la dipendenza affettiva del partner è il senso di inadeguatezza che la narcisista manipolatrice instilla nella relazione. "Non fai abbastanza per me", "Dovevi dire o fare esattamente questo", "Sei un uomo senza attributi", "Gli uomini veri non si comportano come te" rientrano nel frasario tipico della narcisista, che risulta insoddisfatta qualunque cosa l'altro faccia per accondiscendere alle sue richieste. Questo atteggiamento iper-critico non risparmia nessuno: i familiari e gli amici di lui, il lavoro che fa, come si veste, quanto guadagna. Ogni cosa è passata al setaccio impietoso della manipolazione che mirerebbe a rendere il partner finalmente adeguato alla grandezza della narcisa.

Colpi di scena e soap psicologiche

I due finiscono per isolarsi dal mondo esterno e improntare l'intero rapporto sull'infelicità di lei e sul tentativo impossibile di lui di adeguarsi a ogni richiesta pur di evitare la disfatta estrema: il tradimento e la rottura definitiva della relazione. In realtà, la storia con una narcisista manipolatrice si snoda tra continue liti e interruzioni temporanee che si concludono con ricongiungimenti anche quando la fine sembrava irrimediabile. Questi ritorni di fiamma hanno l'intensità del colpo di scena da soap-opera e si declinano in due versioni:

1- lui si trascina implorante al cospetto della manipolatrice e giura di cambiare, lei concede il perdono incondizionato a dimostrazione della purezza del suo amore, ma poi gliela farà pagare cara per averla lasciata o per averla costretta a lasciarlo;

2- è lei a tornare pur dopo averlo coperto di insulti e di maledizioni, lei a sembrare propensa al cambiamento pur di mantenere la relazione, tranne in seguito presentargli il conto per averla indotta a umiliarsi pur di riaverlo con sé.

In entrambi i casi la relazione prosegue come prima e peggio di prima all'insegna di una separazione impossibile, sino alla consunzione psicologica del partner che spesso non molla anche quando il suo disagio muta in sintomo. Insonnia, ansia, difficoltà di concentrazione, gelosia patologica, disfunzioni nella sfera sessuale, depressione, abuso di alcol o altre sostanze sono alcuni tra i disturbi che possono apparire in correlazione con la dipendenza affettiva.

Il probabile epilogo della storia con la narcisista manipolatrice è l'essere abbandonato proprio quando il partner credeva di aver soddisfatto con grande fatica le sue pretese o, quantomeno, di essersi garantito una qualche stabilità.

Lei tronca definitivamente e senza appello e, in tempo brevissimo, ha già intrapreso il (prossimo) "grande amore" della sua vita.

L'enigma dell'intenzionalità

La bugia davvero imperdonabile
è quella detta a se stessi
al solo scopo di credere, per amore,
alla menzogna dell'altro.

Sono centinaia i commenti e le e-mail di persone che ogni anno mi scrivono sulla dipendenza affettiva e sul narcisismo patologico. Alcune raccontano storie d'amore veramente drammatiche, molte, invece, testimoniano dell'importanza della psicoterapia come strumento per liberarsi del mal d'amore e ricominciare a vivere (vedi il Capitolo "Testimonianze"). Ma il denominatore comune di queste comunicazioni è una domanda: "Il narcisista si accorge di quanto male fa? È cosciente del dolore che procura e opera, dunque, con cattiveria deliberata, oppure è un malato inconsapevole che agisce in preda a un istinto malsano?".

Un enigma psicologico.

Chiamerei questo interrogativo "l'enigma dell'intenzionalità narcisistica", enigma perché non ammette una risposta univoca, ma soprattutto perché ogni soluzione alla questione solleva nuovi problemi e amplifica l'ossessione delle vittime per il loro amante.

Infatti, come ogni psicopatologia, il sistema della dipendenza affettiva è un circuito chiuso che si autoalimenta e che travalica la razionalità al punto da rimanere inalterato anche davanti all'evidenza e alla logica più rigorosa. Alcune vittime vogliono sapere di avere a che fare con un individuo sano, così da proseguire nell'autosacrificio e nella demolizione di se stesse dovuti all'incapacità di accettare il triste decorso o la fine della storia; altre cercano la conferma di essere in contatto con una persona malata in modo da cercare di curarla o di convincerla a farsi curare per poi, finalmente, realizzare l'ideale amoroso. In quest'ottica, che la risposta all'enigma sia "Sì, è malato" oppure "No", non cambia la sostanza della dipendenza affettiva ma può, anzi, incrementare l'invischiamento.

Tuttavia, ben sapendo che la mia risposta all'enigma non sarà in alcun modo terapeutica, posso dire che il narcisista patologico è per lo più inconsapevole delle conseguenze del proprio comportamento e anche quando le sue condotte appaiono volontarie e pianificate sono il riflesso di un disordine della personalità più che azioni deliberate.

I clinici concordano all'unanimità su un tratto fondamentale del narcisismo, la mancanza di empatia, ovvero l'incapacità di interpretare correttamente e di sentire le emozioni altrui, che da sola spiega perché i narcisi patologici possono agire distruttivamente senza provare sostanziali sensi di colpa e senza comprendere la ferocia delle loro interazioni sentimentali.

La trappola che sprofonda i partner dipendenti affettivi nella depressione e nell'annullamento di sé è il tentativo di spiegare, secondo il proprio punto di vista empatico, i motivi del dramma amoroso, di razionalizzare ossessivamente le pene subite basandosi sulla premessa errata di essersi rapportati con un individuo "sano", ritenuto spesso più equilibrato e migliore degli altri. Il risultato di questa "trappola logica" è quello di colpevolizzare se stessi e di fare di tutto per accondiscendere alle richieste del narcisista nella speranza di conquistarne l'amore.

No, il narcisista patologico non agisce in modo così distruttivo perché istigato dalla inadeguatezza del partner. Agisce in ragione di distorsioni nella sfera emotiva attribuibili a un conflitto interno mai sanato che, dietro l'apparenza grandiosa, cela un Io infantile pieno di dolore e di rabbia, prigioniero da troppo tempo e incapace di amare.

Detto questo le "vittime", anziché continuare a domandarsi chi sia il "mostro" che le tormenta e le dilania nel delirio d'amore, potrebbero chiedersi davanti a uno specchio:

"Chi sono io? Come posso salvarmi da questa situazione?" e iniziare a "mettersi in sicurezza" per trovare un equilibrio nuovo e rispondere in modo soddisfacente al proprio bisogno di relazione.

Aiutare il narcisista è possibile?

*Non poter fare a meno di qualcosa o di qualcuno
significa non che li possediamo,
ma che ne siamo posseduti.*

La pena, l'angoscia e il disorientamento di chi intrattiene una relazione con un/una narcisista perverso/a sono amplificate dal senso di impotenza sperimentato ogni volta che si ricerca un cambiamento o che si propone una soluzione. Chi ha esperienza diretta in fatto di "relazioni impossibili" sa bene che non servirà sottomettersi e non servirà ribellarsi, che il silenzio e le parole non serviranno, né saranno utili i ritorni conciliatori. Gli armistizi e le "pause", i compromessi e gli accordi di non-belligeranza possono in alcuni casi alleviare il dolore e, talvolta, regalare quei momenti d'estasi che preludono al più duro e disastroso degli addii. Allo stesso modo, si rivela infruttuoso o controproducente il tentativo di porre il narciso davanti alla sofferenza che crea e ai problemi che ha: il risultato è la lapidazione psicologica o, sulla scia della rabbia, si ottiene la minaccia dell'abbandono, quando non direttamente la punizione dell'evitamento e del tradimento.

Simili alla ninfa Eco, che nel mito di Narciso fu condannata a ripetere le parole dell'amato, inutilmente e in eterno, i/le partner del/la narcisista sembrano intrappolati nella ricerca affannosa di un modo per superare l'abisso interiore del compagno/a con l'intento di salvarlo. Nessuno come la persona che vive la relazione impossibile col narcisista può sapere quanto il/la narcisista sia intimamente e disastrosamente compromesso/a sul piano psicologico e affettivo. E il fatto che la consapevolezza unilaterale della patologia si scontri di continuo con l'apparenza credibile e grandiosa con cui il narciso si accredita nel mondo esterno complica, se non impedisce di fatto, ogni realistica possibilità di cambiamento nella gran parte dei casi. Il narcisista rifiuta l'aiuto, perché rifugge da un senso di inadeguatezza profondo e profondamente denegato. Allo stesso tempo, nutre totale sfiducia verso gli altri e, quasi sempre, disprezza, apertamente o con malcelato timore, psicologi e psicoterapeuti. Così, l'incontro col narciso in terapia è possibile solo quando, a causa del disturbo di personalità, la depressione o le conseguenza dell'abuso di sostanze, l'insonnia o altri "disturbi collaterali" divengono insostenibili. Perché il narcisista acuto si mobilita unicamente per se stesso, quando e dove ha bisogno di utilizzare l'altro (terapeuta compreso) allo scopo di trarne un qualche vantaggio personale.

Per quello che ne so, dopo quasi quindici anni di esperienza clinica, un/una narcisista non verrà mai a dire: "Sono qui perché non voglio rinunciare alla mia donna/al mio uomo a causa del mio comportamento", oppure: "Ho bisogno del Suo aiuto, Dottore, perché, anche se provo in tutti i modi a migliorarla, la mia relazione è impossibile". Questo avviene solo nella testa della vittima. L'idea che il narciso affronterà una psicoterapia e cambierà per amore si struttura come una prospettiva illusoria che mantiene il rapporto ad oltranza e, in certi casi, diventa una sorta di "desiderata", un obiettivo irrealistico inseguito sino al parossismo che anima e alimenta la dipendenza affettiva.

Molto spesso, le compagne o i compagni del/della narcisista, si rivolgono al terapeuta non per sé ma, coerentemente con l'auto-sacrificio che governa la loro relazione, per chiedere "consigli" su come trattare l'altro, su come aiutarlo e su come mantenere il rapporto amoroso nonostante tutto, oppure per ricevere suggerimenti per indurre il narciso a iniziare una psicoterapia.

Nella fantasia della/le sue amanti, il narcisista cercherà di rimediare alle proprie mancanze d'amore e di empatia, impegnandosi in un percorso psicologico per mantenere e "riparare" la relazione amorosa; diventerà finalmente più umano, e ci saranno matrimoni, magari uno o più figli e un'esistenza felice dopo tanta fatica … Ma nella realtà tutto questo è impossibile.

La richiesta di cambiamento per interposta persona è il sintomo di una dipendenza ostinata, quello stato mentale di dissociazione dal reale in cui culmina la psicologia da "vittima".

Nel frattempo, il narcisista continuerà a svalutare, a giocare a nascondino, a sedurre, a svalutare, a tradire e a degenerare in una diabolica e inarrestabile sequenza di addii. Per poi, magari, trovarsi in fretta e furia una nuova compagna, con cui procreare a tempo record e mimetizzarsi velocemente in una "famiglia", soprattutto quando, raggiunta una certa età, ha bisogno di una "copertura" sociale. Perché, anche quando si sposa o inscena una relazione stabile, il narcisista fugge e, allo stesso tempo, "giustizia" le sue/i suoi precedenti amanti, si vendica di chi, colpevole di conoscere e di subire la sua patologia, ha continuato ad amarlo.

Come nota Behary (2012), "i narcisisti non sono in genere quel tipo di persone che cercano volontariamente aiuto, addestramento o qualunque tipo di assistenza per abbattere i loro impenetrabili muri emozionali. Al contrario, essi evitano questo tipo di interazione quasi a tutti i costi, sia attraverso lo scherno, esternalizzando la colpa su qualcun altro, con varie forme di distrazione e occultamento, sia con il rifiuto tassativo." Il narciso, insomma, non può essere indotto o costretto a chiedere aiuto, in nessuna forma e in nessun modo. Meno che mai se la proposta di terapia arriva dal/dalla partner di turno.

Tuttavia, esiste nel narcisista patologico un nucleo d'amore, lontanissimo e profondo, un nucleo "sano" che, con qualche probabilità, può essere riattivato e può ritrovare vigore e funzionalità in psicoterapia, a condizione che il narciso decida da sé, autonomamente e incondizionatamente, di affrontare i limiti e i sintomi che, storia dopo storia, lo consegnano all'infelicità e alla frustrazione. In questo senso, la psicoanalisi, la psicoterapia psicodinamica, l'approccio bioenergetico, e la Schema-Therapy - e cito solo alcuni modelli - hanno formalizzato modalità di trattamento specifiche per il disturbo narcisistico di personalità e, da decenni, si adoperano per supportare efficacemente quei pazienti che, spinti dalla sofferenza, dall'isolamento e dall'angoscia conseguenti al narcisismo, chiedono aiuto di propria iniziativa.

Tutto considerato, l'aiuto che le "vittime" del narciso possono davvero offrirgli è acquisire consapevolezza di quanto la stessa relazione che intrattengono serva a convalidare il disturbo narcisistico. È importante che le partner del narciso riconoscano che la relazione "malata" ha luogo come conseguenza (e non causa) di un disturbo di fondo della personalità e che ciò che chiamano "amore" è più vicino alle categorie del sintomo e della psicopatologia che a quelle dei sentimenti.

Aiutare il narcisista è un compito psicoterapeutico, un lavoro specialistico che non può in alcun modo essere svolto dalla "vittima" né realizzarsi all'interno della relazione dipendente.

La dipendenza affettiva

*... ma io ero malata di tormento
ero malata di tua perdizione.*
(Alda Merini)

Una notte Licia perse il controllo. Indossò il cappotto sopra il pigiama e montò in macchina alle due del mattino. Doveva assolutamente andare sotto casa di Francesco. Anche se sapeva che non avrebbe avuto il coraggio di citofonare e di parlarci, anche se avrebbe probabilmente trovato le persiane chiuse, sentiva che se non ci fosse andata sarebbe impazzita. Guidò con le lacrime agli occhi tra i pensieri confusi e parcheggiò senza attenzione. Spenti i motori, per un attimo spense anche il suo cuore. Appena Licia arrivò a destinazione, la vista della porta di Francesco placò l'angoscia di averlo perso e il pianto finì per lasciare una specie di voragine nella sua mente. In quei minuti di calma apparente Licia riconobbe l'assurdità di quanto stava facendo, si rimproverò aspramente per quell'ennesima azione da pazza e giurò a se stessa che non l'avrebbe mai raccontata a nessuno. Provò un profondo senso di vergogna e, mentre cercava di ricomporsi, la sua immagine riflessa nello specchietto retrovisore la rattristò.

Come si era ridotta? Ma soprattutto perché? Il fatto che Francesco l'avesse lasciata qualche mese prima non giustificava l'ansia e la depressione che pativa da settimane e che peggiorava giorno dopo giorno. In un attimo di lucidità ammise che era stata una storia da poco, che le cose erano andate male sin dall'inizio e che lei si era obbligata a stare con lui, spinta dal desiderio di avere un compagno. Certo, lui la aveva piantata in asso senza un motivo, ma in fondo anche Licia aveva pensato che fosse meglio lasciarsi, sarebbe stata una questione di settimane o mesi e lei avrebbe preso la stessa decisione. Lui, che si era presentato come l'uomo dei sogni, era stato un disastro su tutta la linea. Francesco era egoista, egocentrico, narcisista e, a parte qualche frase hollywoodiana, era vacuo nei discorsi e avaro nei sentimenti. A letto, poi, il sesso era un disastro: in un anno di relazione Licia non aveva mai raggiunto l'orgasmo. "Che ci faccio sotto casa di quell'idiota?" si disse Licia appena l'angoscia si placò del tutto. Ma poi il pensiero tornò a vacillare senza un motivo. Sotto le finestre di Francesco, Licia considerò la possibilità che lui stesse dormendo con un'altra e l'ansia avvampò nuovamente e fu talmente forte da mozzarle il fiato. Black-out mentale. Licia faticò a non scendere dalla macchina e suonare alla porta. Ma decise di rimanere là sino al mattino per scoprire se Francesco avesse già un'altra ragazza. Se fosse stato così la avrebbe vista uscire dall'appartamento. Quell'idea annichilì Licia e le procurò un'altra violenta ondata di pianto.

Da quella notte in poi, Licia tornò per varie settimane sotto casa di Francesco. Lo fece più volte al giorno. Ogni volta verificava che lui era da solo e questo la calmava, come la sola vista delle sue finestre placava i pesanti sintomi ansiosi. Non c'era altro che potesse aiutarla, passava le giornate nell'ossessione.

Quando lui si accorse che Licia lo piantonava la denunciò ai carabinieri. Fu il momento più umiliante della sua vita, ma anche quello in cui decise di cominciare la psicoterapia per salvarsi dalla dipendenza affettiva.

Impulsività, instabilità dell'umore e asimmetria relazionale

La storia di Licia presenta i tre elementi minimi sufficienti per individuare una situazione di dipendenza affettiva patologica: l'impulsività, l'instabilità dell'umore e la marcata asimmetria dei ruoli nella relazione. Chi vive una situazione di dipendenza affettiva sperimenta queste tre dinamiche in varie combinazioni e in differenti intensità prima che si strutturino i sintomi clinici di solito associati alla dipendenza relazionale come ansia, panico, depressione e disturbi del comportamento alimentare.

L'impulsività è una condizione d'incapacità di contenere le proprie pulsioni, in particolare quelle rivolte all'oggetto d'amore. L'impulsività risponde alla legge del "tutto e subito" e si coniuga al tempo presente: l'espressione dell'impulso non può essere rimandata al futuro, aspettare è impossibile e doloroso, perciò non rimane che agire nell'immediato. Il dipendente affettivo si trova nell'impossibilità di tollerare emozioni frustranti e agisce facendo la prima cosa che può sollevarlo dall'angoscia, anche quando sul piano razionale è perfettamente consapevole che le sue azioni saranno inefficaci o controproducenti. Per esempio, mentre Licia guidava verso casa di Francesco era perfettamente consapevole dell'inutilità della propria azione ma, allo stesso tempo, l'impulso di compierla la dominava completamente.

Dal racconto di Licia emerge come il suo umore passi rapidamente da momenti di angoscia a momenti di estrema lucidità percepita, per poi scivolare nel buio di una confusione quasi onirica. La ciclicità rapida nel tono dell'umore si riscontra frequentemente nella storia di chi patisce un attaccamento affettivo disfunzionale. Il passaggio rapido dall'esaltazione alla disperazione, dalla certezza alla confusione più totale istituisce nel tempo un'instabilità dell'umore che finisce per condizionare tutti gli ambiti dell'esistenza della persona e patologizzarli.

Licia perse interesse e motivazione al lavoro, sviluppò un atteggiamento scostante e aggressivo e il cercare comprensione in alcune colleghe non fece altro che aggravare la sua condizione. Come molto spesso accade, le confidenze di Licia diedero luogo a un fuoco incrociato di opinioni, giudizi e consigli del buon senso quotidiano che non fecero che aumentare il suo livello di frustrazione, di conseguenza, l'instabilità dell'umore.

Le alterazioni dell'umore, in genere in senso depressivo, sono tra i principali motivi che alimentano una dipendenza affettiva. L'altro, con le sue emozioni, i suoi comportamenti e le sue reazioni diventa gradualmente il solo individuo in grado di placare o alleviare la caduta depressiva. La sua presenza riduce il dolore del rifiuto e l'ansia della solitudine, anche se nel contempo amplifica gravemente e paradossalmente il senso di inutilità e di abbandono. Così, ogni dipendenza è l'esito di una relazione patologica, una relazione drasticamente sbilanciata in termini di riconoscimento, di potere, di dare e di avere. Ogni dipendenza prospera all'interno di una asimmetria di relazione in cui un membro della coppia prevale e l'altro soccombe. La relazione asimmetrica prevede l'esistenza di differenze tra quello che i membri possono dare, chiedere e fare e diventa tanto più patologica quanto meno è reciproca. Tornando all'esempio, Licia era suo malgrado succube delle richieste di Francesco. Doveva rispettarne i tempi, stare ai suoi spostamenti, tollerarne i silenzi. E questo era il minimo. Francesco aveva il diritto di chiederle dettagli circa la sua vita affettiva e sessuale, cosa a lei violentemente preclusa. Francesco poteva decidere se e come incontrarla, Licia aveva il ruolo di aspettare. L'assoluta mancanza di reciprocità rende la relazione asimmetrica e relega a un ruolo di patologia e di stress angoscioso.

Impulsività, instabilità dell'umore e asimmetria relazionale sono una miscela tossica in grado di trasformare chiunque in un dipendente affettivo, in una persona che non ha più il controllo della propria vita e che "incomprensibilmente" viene aggredita da sintomi sempre più pesanti destinati a edificare una prigione d'amore.

Pensieri, emozioni e comportamenti

Tutti i disturbi psicologici agiscono su tre livelli: il pensiero, le emozioni e i comportamenti. Nella Dipendenza Affettiva ciascun livello subisce alterazioni specifiche che permettono di distinguere la sindrome da altre psicopatologie, come depressione, ansia o panico. Bisogna, comunque, evidenziare la difficoltà di compiere una diagnosi differenziale, soprattutto perché depressione, ansia e panico, ossessività e somatizzazioni si presentano spesso associate alla dipendenza affettiva. C'è da chiedersi, dunque, se questi disturbi causino la dipendenza affettiva o siano una sua conseguenza.

In realtà, se si esclude la diagnosi di un disturbo di personalità, andare alla ricerca di "cause" e di "conseguenze" nella pratica clinica risulta controproducente, oltre che inutile. La Dipendenza Affettiva è, innanzitutto, il risultato di un processo interattivo, è la qualità emergente di una relazione tra due individui e che innesca circoli viziosi fatti di azioni e reazioni che si rinforzano reciprocamente in un gioco senza fine. Che il problema della dipendenza amorosa non possa essere considerato esclusivamente come un disturbo dell'individuo lo dimostra il fatto che, così come è frequente lavorare con pazienti impantanati in una dipendenza amorosa che raccontano anche un passato di depressioni o altre patologie dell'area nevrotica, è altrettanto frequente trattare individui che non hanno mai accusato disturbi di natura psicologica in passato e che, anzi, prima dell'inizio della relazione d'amore risultavano perfettamente sereni e adattati per poi precipitare in comportamenti impulsivi, in pensieri ossessivi e in un inferno di emozioni disperanti. Ciò vuol dire che, da un punto di vista strettamente operativo, può essere fuorviante andare alla ricerca di "cause" insite nell'individuo o nel suo passato: si finisce per compiere una lunga analisi del vissuto pregresso a scapito del qui ed ora, del momento presente in cui il disturbo si manifesta nel contesto della relazione che lo mantiene e che lo alimenta.

Un presupposto fondamentale della psicologia e psicoterapia strategica, affermato per la prima volta da Watzlawick e Nardone (1990), è che se un problema persiste nel presente, sono in atto comportamenti, emozioni e pensieri che nel presente stesso sostengono la patologia giorno dopo giorno.

Anche ammettendo che il problema si origini in un lontano passato, occorre riconoscere che il suo prosperare è necessariamente collegato al momento presente, al vissuto e alla storia attuale.

Per ora non esiste una definizione univoca della Dipendenze Affettiva, anche perché si tratta di una patologia da declinare al plurale in quanto può essere ricondotta a schemi interattivi anche molto differenti. Ogni storia di dipendenza affettiva, al di là di alcuni elementi psicopatologici comuni, è una storia a sé e deve ricevere perciò un'attenzione individualizzata e una terapia "cucita su misura" per l'individuo e con l'individuo.

Volendo comunque studiare le Dipendenze Affettive è necessario formulare una definizione che circoscriva il campo d'indagine, pur includendo il maggior numero possibile di varianti che il problema può assumere.

Una definizione di Dipendenza Affettiva

La Dipendenza Affettiva è un disturbo della sfera emotiva e relazionale caratterizzato dalla centralità di un "oggetto d'amore" verso il quale il soggetto dipendente nutre sentimenti disfunzionali di esclusività.

La Dipendenza Affettiva incide progressivamente sui livelli cognitivo, emotivo e comportamentale delle persone che la patiscono, sino a configurare un disturbo caratterizzato da sintomi riconoscibili. La sintomatologia produce significativi

71

cambiamenti nella quotidianità della persona e un generale peggioramento nei vari ambiti dell'esistenza, che può culminare nella compromissione grave del funzionamento complessivo della persona.

Come le altre dipendenze, le Dipendenze Affettive si instaurano in modo relativamente graduale e in una cornice di "normalità". Le modificazioni del pensiero, delle emozioni e dei comportamenti si presentano prima come episodi isolati per poi strutturarsi in una sindrome clinica vera e propria.

Gli aspetti cognitivi

Il dipendente affettivo matura gradualmente uno stile di pensiero di tipo egocentrico, che lo porta riferire a se stesso i comportamenti dell'oggetto d'amore. Questa modalità di pensiero trasforma chiari segnali di abbandono in confusi ma coinvolgenti prove d'amore; gesti casuali come intenzionali messaggi d'interesse o seduzione sessuale. Il senso stesso delle parole nella dipendenza affettiva si altera a un punto tale che la percezione della realtà muta di conseguenza. Il risultato è che la persona sente di vivere in un mondo che non capisce e che non la capisce e i tentativi esterni di "farle aprire gli occhi" sull'evidenza della patologia relazionale si traducono in evitamento e inimicizia. Molti/e dipendenti affettivi/e perdono gran parte dei propri amici e conservano soltanto i rapporti che non mettono in discussione la loro "scelta" d'amore.

Le principali caratteristiche del pensiero nella dipendenza affettiva sono:

- pensiero costantemente concentrato sull'oggetto d'amore;
- tendenza a riportare a sé e/o alla relazione ogni comportamento dell'altro;
- ossessività nel pensiero;
- tendenza a sovrastimare i segnali di conferma e a sottostimare quelli di disconferma;
- difficoltà di concentrazione;
- idealizzazione della persona amata;
- le relazioni circostanti sono vissute come intralci o come minacce al legame d'amore.

Gli aspetti emotivi

Nella dipendenza affettiva si passa dalle vette dell'idillio e della passione assoluti all'inferno del rifiuto, della rabbia e della disperazione nell'arco di pochi giorni e, a volte, nel giro di poche ore. Questa peculiare altalena emotiva garantisce non di rado a chi la patisce, etichette psichiatriche di tutto rispetto: ciclotimia, depressione bipolare e una costellazione ricchissima di disturbi di personalità.

Nella dipendenza amorosa le emozioni sono al servizio della relazione perciò, essendo la relazione caratterizzata da pesanti incongruenze, ambiguità e discontinuità, lo stato emotivo di almeno uno dei protagonisti della relazione è in continuo mutamento.

Alcune caratteristiche delle emozioni nella dipendenza affettiva:

- ansietà e sensazione di allarme o di pericolo imminente;
- umore tendenzialmente depresso con picchi di eccitazione;
- tendenza ad attribuire le proprie emozioni all'oggetto d'amore (Proiezione);
- possono verificarsi esplosioni d'ira associate a perdita di controllo;
- vissuto di abbandono e di solitudine, anche in compagnia di persone significative;
- sentimenti di vuoto e di mancanza di senso;
- progressivo disinvestimento emotivo dal mondo circostante con ritiro sociale;
- emozione costantemente rivolta sull'oggetto d'amore.

Gli aspetti comportamentali

La parte "visibile" della dipendenza affettiva riguarda indubbiamente i comportamenti, che diventano progressivamente più patologici. La gradualità con cui le condotte da dipendente si strutturano è spesso segnata da passaggi bruschi e rapidi.

Le azioni delle persone coinvolte esprimono così l'idillio e la passione assoluta in un momento per precipitare poi nell'inferno del rifiuto, della rabbia e della disperazione.

La caratteristica principale dei comportamenti nella dipendenza affettiva riguarda il fatto che non sono sotto il controllo di chi li agisce. L'individuo è travolto dai propri impulsi e dominato dal bisogno di trasformarli in azioni, anche quando a livello razionale è perfettamente in grado di capire che sono improduttivi e patologici.

Di seguito, un elenco, inevitabilmente non esaustivo, degli aspetti comportamentali della dipendenza affettiva:

- comportamenti compulsivi: ovvero azioni ripetute e ingovernabili, come telefonate, e-mail e sms;
- atteggiamento condiscendente verso l'oggetto di dipendenza: si asseconda l'altro in tutto pur di averne l'attenzione;
- incapacità di prendere decisioni;
- tendenza a delegare proprie responsabilità;
- tendenza a rinunciare a impegni o attività importanti pur di incontrare l'altro;
- è presente un costante stato d'attesa;
- possono verificarsi tentativi di indagine e/o pedinamento finalizzati a creare una "illusione di controllo" sull'oggetto d'amore.

Aspetti clinici

La modificazione progressiva del pensiero, delle emozioni e del comportamento crea e alimenta nelle relazioni circoli viziosi, schemi di azioni e reazioni che rinforzano il disagio sino a trasformarlo in patologia. Il malessere situazionale diventa sistematico e si generalizza dalla relazione a due ad altre relazioni e contesti significativi.

Come vedremo più avanti, i sintomi della Dipendenza Affettiva attaccano le principali funzioni dell'essere umano e suoi bisogni di base: alimentazione, riposo, socialità.

I sei stadi della dipendenza affettiva

*Basta sbagliare il primo bottone
per sbagliarli tutti.*

(Alessandro Morandotti)

Nell'ascoltare il racconto della signora B. continuavo a immaginare la sua discesa lungo una scala spoglia e lugubre, in fondo alla quale si trovavano la solitudine, l'ansia, il panico, l'ossessione e la depressione. Erano bastati dieci mesi di relazione con Armando, un uomo incontrato sul lavoro, per trasformare la signora B. in un automa insonne e angosciato in costante ricerca d'amore. Quarantenne in carriera e di carattere, di aspetto gradevole e dalla viva intelligenza, Francesca B. vantava un certo equilibrio affettivo e un passato privo di sintomi o di traumi particolari. L'insonnia, l'ansia, l'inappetenza e il pensiero ossessivamente rivolto all'uomo che l'aveva lasciata senza spiegazioni erano esperienze nuove e spaventose per lei.

Si chiese e mi chiese: "Com'è possibile che mi sia ridotta così?"

La storia di Francesca B. segue uno schema comune a molte altre vicende sentimentali che sfociano nella dipendenza affettiva. Dopo qualche giorno di travolgente passione, il rapporto con Armando si era intorpidito; lui era diventato inspiegabilmente incostante e due mesi dopo l'aveva lasciata da un giorno all'altro senza apparente motivo. Nel periodo successivo, fatto di

77

inseguimenti, di notti bianche e di suppliche angosciate, Francesca aveva perso il controllo di se stessa e della sua vita e trascorreva giornate intere ad aspettare un segnale da Armando o sue notizie da conoscenti comuni.

"È come se lei avesse sceso, gradino dopo gradino, una scala verso uno stato di dipendenza psicologica da Armando.", commento.

Francesca ribatte: "Dottore, io mi sento come se avessi preso un ascensore che mi ha portata giù, in fondo all'Inferno".

La metafora dell'ascensore mi colpì perché, in effetti, descrive la dinamica della dipendenza affettiva: non un processo lento e graduale come suggerisce l'immagine della scala, ma un precipitare da una sofferenza all'altra esattamente come si passa da un piano all'altro di uno stabile. Un momento ci si trova al pianterreno e qualche istante dopo, trenta metri sotto terra. Questa caratteristica rende il fenomeno della dipendenza affettiva particolarmente insidioso, perché i soggetti coinvolti non hanno il tempo di accorgersi dell'assetto patogeno della storia in quanto vengono sorpresi da cambiamenti repentini e per lo più inaspettati. Per esempio, a un certo stadio, la persona che amano sembra valorizzarli, sembra vivere quasi in loro funzione, poi improvvisamente li svaluta con accanimento. Prima l'altro è generoso e attento, pochi istanti dopo muta in un feroce detrattore, in un inquisitore intransigente o in un fantasma sfuggente e inafferrabile.

Quali sono i "piani" della dipendenza affettiva? È possibile descrivere la dinamica della discesa verticale delle persone che ne soffrono? Anche se ogni storia è unica ed è caratterizzata da comportamenti, pensieri ed emozioni che sarebbe scorretto e improduttivo generalizzare ad altri casi di dipendenza affettiva, l'esperienza clinica mette in luce una serie di fasi ricorrenti, che si susseguono una dopo l'altra come i piani di un palazzo. Ogni stadio costituisce la premessa per quello successivo e il passaggio dall'uno all'altro avviene quasi senza soluzione di continuità, molto rapidamente, come se la persona si trovasse a bordo di un ascensore emotivo che si spalanca ogni volta su uno scenario più inquietante e doloroso. L'ultimo piano della dipendenza affettiva è lo sviluppo del sintomo: depressioni, ossessioni, ansia e panico oppure disturbi "fisici" apparentemente slegati dal vissuto della persona (da problemi di tipo dermatologico alle più differenti disfunzioni dell'apparato riproduttivo, dell'apparato respiratorio e digerente).

Gli stadi della dipendenza affettiva

Nel modello di ricerca e intervento sulle dipendenze affettive sviluppato a partire dalla psicoterapia con decine di persone, maschi e femmine, ho individuato sei stadi di sviluppo della sindrome. Per rimanere nella metafora, nell'ascensore psicologico della dipendenza affettiva c'è una pulsantiera con sei bottoni:

- Stadio 1. Primo incontro e conoscenza.
- Stadio 2. Ambivalenza.
- Stadio 3. Auto-inganno.
- Stadio 4. Idealizzazione.
- Stadio 5. Dipendenza attiva.

- Stadio 6. Fase sintomatica vera e propria.

Stadio 1. *Primo incontro e conoscenza*

Gli incontri da cui si sviluppa una sindrome di dipendenza affettiva sono in genere straordinariamente semplici. Il primo contatto avviene nei modi più normali, amici di amici, pizzeria, discoteca, internet o chat. In almeno uno dei futuri partner al momento della conoscenza dell'altro è presente un forte bisogno di "fare coppia", bisogno che giocherà un ruolo determinante nella discesa ai piani successivi.

Una caratteristica frequente di questa fase è che è ordinaria sia per il modo in cui avviene, che per le emozioni, di solito blande e sfumate, che muove nelle persone coinvolte. Dai racconti dei/delle pazienti è spesso emerso che l'altro - colui/colei da cui sono diventati dipendenti - all'inizio si è mostrato più interessato e motivato di loro al dialogo e al proseguimento della conoscenza. In genere, si inizia una storia di dipendenza affettiva con leggerezza, pensando di intraprendere un'avventura a breve termine, un passatempo in attesa del grande amore

Stadio 2. *Ambivalenza*

La tiepida impressione della prima conoscenza si mantiene anche negli incontri successivi, mentre aumenta l'impegno concreto nella relazione. Anche se l'altro/a continua a suscitare perplessità, lo/la si sente con crescente frequenza, si passa insieme sempre più tempo e si condividono sempre più cose.

In questo stadio uno o entrambi i partner covano un sentimento di dubbio circa l'opportunità di proseguire il rapporto. A qualche livello, è loro chiaro che "non è la persona giusta", ma è anche la sola al momento percepita come disponibile e rassicurante.

Un tipico tentativo di risolvere l'ambivalenza è negarla, agire come se non esistesse; oppure, si decide deliberatamente di approfondire il rapporto allo scopo di sciogliere l'incertezza. Tale "soluzione", che consiste nel fare maggiori concessioni e formulare più richieste nella relazione, produce poi ulteriore confusione. Per esempio, un classico punto di snodo si verifica quando si accetta di avere il primo rapporto sessuale. Alcuni pazienti hanno riferito di aver deciso spinti dall'esigenza di fugare il dubbio sulla relazione, di sciogliere l'ambivalenza. Il risultato è stato in certi casi il senso di colpa derivante dall'idea di aver usato il/la partner, in altri l'esigenza di "riprovare per capire qualcosa di più", in altri ancora, gratitudine: l'altra persona è stata generosa malgrado la poca partecipazione e l'ambiguità con cui le si è concessi. È evidente che questi tre possibili risultati non solo risultano estremamente probabili, ma comportano tutti una medesima conseguenza: proseguire nella relazione.

Durante questo secondo stadio possono verificarsi forti discussioni o liti violente per inezie. Sono i primi sintomi che è in atto uno scollamento tra i sentimenti coscienti (l'accettazione di stare con l'altro) e le emozioni nascoste, relegate all'inconsapevolezza perché scomode (la relazione è in realtà inappagante, frustrante o pericolosa per la propria integrità).

Stadio 3. Auto-inganno

A questo punto il livello d'investimento sull'altro è così elevato da imporre una risoluzione all'ambivalenza. Questa soluzione è l'auto-inganno. Per stare con un partner verso il quale si nutrono sentimenti contraddittori e incerti occorre proiettare su di lui i propri bisogni affettivi e fingere che sarà in grado di appagarli, prima o poi.

L'auto-inganno consiste nel dirsi "Non importa se ...". Per esempio, non importa se l'altro è egoista a letto o se manca l'intesa sessuale; non importa se è poco generoso; non importa se le serate con lui sono noiose; non importa se non piace a nessuno degli amici e così via. L'obiettivo inconscio della persona è rimuovere ogni possibile intralcio alla prosecuzione del sogno d'amore.

L'auto-inganno può avvenire a diversi livelli di profondità, ma molti pazienti riportano di esserne stati almeno parzialmente consapevoli mentre lo operavano. Nelle persone che sviluppano una dipendenza affettiva il bisogno di avere un compagno, la paura di rimanere soli, l'esigenza di aderire alle aspettative di familiari e amici sono talmente intensi da alterare la realtà, trasformando una relazione disfunzionale in un rapporto apparentemente soddisfacente.

Poiché l'auto-inganno non può mascherare completamente l'inadeguatezza della relazione, il dipendente affettivo assume un atteggiamento evitante nei confronti della realtà esterna e tende a privilegiare situazioni in cui si trova a tu per tu con il /la partner. Ridurre le occasioni sociali ha la funzione di diminuire la possibilità di un confronto col mondo esterno e rendere perciò più probabile la tenuta nel tempo della relazione. Il progressivo isolamento che ne deriva alimenterà inevitabilmente la dipendenza dall'oggetto d'amore.

Stadio 4. Idealizzazione

L'idealizzazione è la diretta conseguenza dell'auto-inganno e, dal punto di vista del coinvolgimento emotivo, genera qualcosa di simile all'innamoramento. Lo stadio precedente è servito ad appianare le incongruenze e cancellare i difetti, questa fase ha lo scopo di amplificarne i pregi o inventare qualità per giustificare la prosecuzione del rapporto.

L'altro appare improvvisamente bellissimo, quasi perfetto e indispensabile. Persino gli aspetti che in precedenza venivano riconosciuti come difetti a questo punto mutano agli occhi del/la dipendente affettivo/a in caratteristiche irrinunciabili. Si verifica un progressivo allontanamento dalla realtà che dà la piacevole sensazione di vivere sospesi in una relazione d'amore che sorvola tutto e tutti. L'idealizzazione può essere molto gratificante per l'altro membro della coppia che, dunque, partecipa con complicità alla costruzione di un'immagine di sé alterata, aderendo per quanto possibile alle aspettative del/della partner. In altri casi, invece, l'idealizzazione costituisce l'inizio della fine del rapporto (ma non della dipendenza) perché spaventa chi ne diventa oggetto e lo spinge ad allontanarsi in quanto consapevole di non poter appagare le aspettative grandiose nascoste in un "amore" tanto slegato dalle proprie reali caratteristiche.

Quale che sia la reazione del partner, con l'idealizzazione il metaforico ascensore discendente della dipendenza affettiva ha superato la metà del suo viaggio verso la malattia e sarà sempre più difficile arrestarlo. I sentimenti verso l'oggetto d'amore sono assoluti, il pensiero è costantemente concentrato su come soddisfare i suoi desideri, la serenità dipende dal grado di attenzione che si riesce a suscitare in lui. Durante l'idealizzazione ogni cosa è estrema, portata all'eccesso. Eccesso di sms, di telefonate, di regali, di progetti. Il/la dipendente affettivo/a parla continuamente della propria storia, aggiorna amici, familiari e conoscenti sull'evoluzione della coppia minuto per minuto. Nei numerosi casi in cui l'altro membro della coppia arriva proprio in questa fase a interrompere il rapporto, il processo di idealizzazione subisce una drammatica accelerazione. Proprio perché "fugge", l'altro diventa insostituibile, un'occasione che sarebbe folle sprecare e perciò occorrerà prostrarsi a lui/lei per riprendere la storia. Oppure: l'altro fugge perché spaventato dalla profondità e dalla dolcezza dei sentimenti condivisi dall'inizio della storia; scappa perché "è troppo innamorato e teme l'amore", per questo motivo sarà necessario aiutarlo a vivere liberamente la bellezza dei sentimenti scoperti insieme.

Il soggetto che vive queste emozioni si sente realmente innamorato. È ormai incapace di distinguere tra ciò che è e ciò che ha voluto inventare.

Stadio 5. Dipendenza attiva

La fase della dipendenza attiva vede la persona concentrarsi unicamente sulla relazione affettiva e adeguare la propria vita ai bisogni e alle aspettative del partner. I sintomi più significativi di questa fase sono il progressivo isolamento sociale e l'insorgenza delle alterazioni del tono dell'umore, in senso euforico o depressivo, associate a stati d'ansia di entità lieve o moderata. Generalmente durante lo stadio di dipendenza attiva la persona prende decisioni e attua comportamenti interamente centrati sull'altro che graveranno in futuro sulla sua esistenza e incideranno sul processo terapeutico. C'è chi, per esempio, smette di frequentare gli amici, chi riduce il proprio impegno lavorativo, chi destina ingenti somme di denaro per garantire alla coppia maggiore stabilità. Il soggetto dipendente in questa fase sembra perdere il contatto con la propria identità e fluttuare in un mondo in penombra popolato da sogni d'amore e dagli spettri dell'abbandono. Naturalmente la persona è per lo più inconsapevole di quanto accade e può rifiutare l'aiuto esterno in modo violento e perentorio. Si configura, così, una condizione di massima fragilità, condizione in cui qualunque accadimento può procurare dolore e aggravare la sofferenza psichica.

La fase di dipendenza attiva può durare settimane, mesi o anni. La sua estensione nel tempo è collegata ai movimenti del partner, dell'"oggetto d'amore" e non certo alle decisioni del soggetto che ne dipende. Quest'ultimo è ormai un soggetto "reattivo", capace di re-agire e non più agire autonomamente. A meno di un intervento psicoterapeutico, la dipendenza attiva perdura sinché l'altro non dà segni di disimpegno affettivo o non decide di rompere la relazione e ciò può accadere per i motivi più diversi. Non è raro che a un certo punto i costi emotivi della dipendenza superino i vantaggi del rapporto per il soggetto meno coinvolto e, per questo, egli decida di allontanarsi. A questo punto, la patologia della dipendenza affettiva è pronta a esplodere in tutta la sua drammaticità. L'ascensore ha quasi ultimato la sua corsa verticale nel cuore dell'inferno.

Stadio 6. Fase sintomatica vera e propria

Nell'ultima fase tutti i sintomi che si erano precedentemente manifestati in forma lieve, attutiti dai vantaggi che comunque la relazione sembrava procurare, si presentano in forma acuta.

Il pensiero ossessivamente rivolto all'oggetto d'amore subisce un'ulteriore alterazione: si verifica un altro e più definitivo distacco tra la realtà e il modo in cui viene percepita. Questo non deve stupire. È come se il mondo fosse sei piani sopra la persona sprofondata nei sotterranei della dipendenza affettiva. Il mondo è qualcosa di lontano che ormai lascia indifferenti. È una dimensione popolata da nemici che non capiscono cosa sia "il vero amore"; un luogo che non offre più niente. Si tende a pensare che la fase sintomatica vera e propria avvenga in condizioni di solitudine, ovvero quando il partner chiude la relazione. In realtà, lo sviluppo dei sintomi è indipendente dalla presenza o assenza del partner, perché la dipendenza affettiva scatena una logica paradossale in cui qualunque cosa accada sul piano del rapporto con l'oggetto d'amore risulta "sbagliata" e alimenta la patologia. Se l'altro fugge, la disperazione dovuta all'abbandono determina l'inseguimento e, con esso, un serie potenzialmente infinita di altri rifiuti che aggravano la sintomatologia. Se il partner rimane, accetta la relazione, la dipendenza aumenta e prosegue il suo corso: il soggetto dipendente aumenterà le richieste d'amore verso l'altro, con vorace insistenza sinché il rapporto non collasserà sotto il peso della sua stessa disfunzionalità.

Gli aspetti clinici rilevanti sono:

- Disturbi del sonno.
- Alterazione significativa delle abitudini alimentari.
- Impulsività.
- Ansia generalizzata con o senza attacchi di panico.
- Utilizzo compulsivo del telefono cellulare e/o di Internet.
- Ritiro sociale.
- Perdita del senso di realtà da moderata a severa.
- Percezione di Sé scissa e disgregata.
- Paura di perdere il controllo.
- Paura di impazzire.
- Comportamenti compulsivi.

Come intervenire? Come salvarsi? Giunto a questo livello di sviluppo, il problema può essere affrontato con una psicoterapia finalizzata a sostenere la persona nel cambiamento e nella comprensione delle strategie che hanno alimentato la dipendenza. Altri interventi "sintomatici", come l'assunzione di psicofarmaci, non modificando in modo significativo il sistema percettivo-reattivo della persona - ovvero il complesso di emozioni, pensieri e comportamenti che regolano la sua interazione con la realtà- difficilmente consentono un reale cambiamento e la riemersione dai labirinti della dipendenza affettiva.

Dipendenza affettiva e omosessualità

Gli amori sono amori. Dove non basta l'evidenza della normalità fatta di uomini e donne che si amano, di uomini che si amano e di donne che si amano, serve osservare che l'amore "eterosessuale" e l'amore "omosessuale" possono deragliare allo stesso modo nella dipendenza affettiva. Con gli stessi schemi e con lo stesso dolore. L'orientamento sessuale non fa sconti in amore, come a dire che il sentimento amoroso, anche quando delira e ammala, trascende le differenze.

La pioniera degli studi e della psicoterapia delle dipendenze affettive Robin Noorwood (1974) ha evidenziato che il mal d'amore non è una prerogativa eterosessuale e che nella relazione sentimentale tra persone dello stesso sesso può configurarsi come un ulteriore ostacolo alla realizzazione dell'individuo, già complicata da un'educazione etero-centrica e dai diffusi stereotipi sociali negativi sull'omosessualità.

Anche se la ricerca psicologica continua a dimostrare l'opposto (Rigliano, Gaglia, 2006), la credenza che gay e lesbiche conducano una vita affettiva promiscua e intrinsecamente instabile può condizionare le persone omosessuali a ostinarsi in una relazione disfunzionale nel convincimento implicito e socialmente condiviso che non ci siano alternative. Infatti, se gli eterosessuali possono attingere sin da bambini a modelli d'amore stabile e a un'idea codificata dell'equilibrio di coppia, i giovani omosessuali crescono in un'assenza sostanziale di rappresentazioni positive dell'affettività nella coppia formata da uomini o da donne.

Per gli individui più fragili, questo vuoto lacerante favorisce nell'età adulta la probabilità di sviluppare disagi o disturbi nella sfera affettiva e/o sessuale. Alcuni possono uniformarsi inconsciamente allo stereotipo dominante e diventare sessualmente promiscui e affettivamente inafferrabili; altri possono rifiutare tale stereotipo ma barricarsi in una vita solitaria e sentimentalmente ermetica oppure mimetizzarsi nel modello "giusto" con un apposito sposalizio. Una parte delle persone omosessuali, invece, trova il modo di opporsi allo stigma dell'amore gay impossibile, si cimenta nell'accettazione di sé e nella ricerca di una vita sentimentale che risponda ai propri bisogni affettivi più autentici e più profondi, con caratteristiche di intimità, impegno, complicità, condivisione e continuità nel tempo. Ovviamente questa ricerca può portare alla formazione di coppie gay stabili e soddisfacenti, di coppie stabili ma conflittuali, coppie instabili e insoddisfacenti o incagliarsi in relazioni realmente impossibili, come peraltro può accadere nella vita di persone etero.

La dipendenza affettiva nelle relazioni omosessuali non differisce dall'altalena esasperante di corsi e ricorsi, di pause e di bugie, di tradimenti e di giuramenti illusori ben documentata nella più classica e più conosciuta dinamica eterosessuale. Rispetto ai dipendenti eterosessuali, però, i dipendenti gay e lesbiche, possono avvertire il degrado amoroso della relazione disfunzionale come il realizzarsi della profezia familiare e culturale che li condanna all'infelicità e alla solitudine, patiscono il rapporto malato come un fallimento personale, come l'esito ridicolo e "inevitabile" di una propria, più generale, incapacità amorosa. Ciò spinge molti a insistere sino all'ossessione su relazioni infelici, punitive e marcatamente asimmetriche: avendo interiorizzato la convinzione dell'amore gay tragico e travagliato, per una persona omosessuale è facile cadere nella trappola della dipendenza affettiva. Quando le ricapiterà di trovare in partner con cui intrattenere qualcosa di più e di diverso dall'incontro sessuale fugace? Quanta probabilità avrà di vivere un amore pieno, soddisfacente ed equilibrato mentre vive e rivive le suggestioni scoraggianti di un'educazione affettiva pessimista? Secondo la rappresentazione oscura e parziale che il dipendente affettivo gay ha interiorizzato, una qualche relazione amorosa, anche la più disordinata e scriteriata, riscatta dalla solitudine e merita l'auto-sacrificio.

Lo scenario della dipendenza affettiva nella coppia di uomini o donne può farsi, dunque, ancora più cupo e invischiante che nelle relazioni eterosessuali. Il tessuto sociale, la cultura vigente, i valori della famiglia d'origine, i rapporti lavorativi di rado incoraggiano la persona invischiata in una relazione gay infelice a vedere prospettive nuove e orizzonti sentimentali felici, a distaccarsi con serenità e con speranza dal suo "amore" distruttivo. Perciò quella solitudine a due che contraddistingue il mal d'amore tra un uomo e una donna, tra due uomini o due donne può toccare più facilmente il limite della disperazione e provocare uno stallo psicologico profondo.

Anche la ricerca di un sostegno psicologico è vissuta generalmente con più paura e diffidenza di quanto non accada alle persone eterosessuali. Il timore che l'amore gay non venga capito o di sentirsi giudicati e patologizzati in quanto omosessuali anche in psicoterapia può inibire la richiesta d'aiuto e persuadere il dipendente affettivo a trascinarsi da solo nell'elaborazione del problema e prolungare la propria sofferenza.

In realtà, quando la dipendenza affettiva percuote la vita psicologica di una persona sino a produrre un disagio clinicamente significativo, una psicoterapia mirata può realmente contribuire a superare la crisi e a sostenere l'individuo nell'acquisizione di un nuovo equilibrio. E che si tratti di una storia gay o etero non importa. Di fronte all'amore, nel bene e nel male, siamo davvero tutti uguali.

La psicoterapia breve focale
delle dipendenze affettive

Ciò che porta alla soluzione di un problema psicologico
non è la ricerca delle cause né l'interpretazione delle conseguenze,
ma l'interruzione del legame che unisce
le cause e le conseguenze in un circolo vizioso
che rende sempre attuale il passato, nel presente e nel futuro.

Carla pensava che Giacomo fosse l'uomo della sua vita, la soluzione a un matrimonio sbagliato, la salvezza giunta inattesa da un incontro casuale. Quell'uomo enigmatico e di successo l'avrebbe riscattata da anni di infelicità coniugale, perciò Carla superò, impulsiva e irruenta come non era mai stata prima, i propri limiti morali, le proprie incertezze, persino i tabù di un'educazione sessuale rigida e arida.

Giacomo prese tutto. Non ci fu neppure bisogno di chiedere, perché Carla non gli diede il tempo di farlo. Gli si offrì completamente, precorse ogni volta i bisogni di lui, ne divenne totalmente succube. E quando la depressione la inchiodò all'evidenza di un amore malato, di una dipendenza affettiva, era troppo tardi per uscirne da sola. Tuttavia, l'esigenza implicita con cui entrò in terapia fu quella di alleviare i sintomi non per liberarsi di Giacomo, ma per continuare a subirlo e subirlo ancora. Così, quando cominciò a star meglio, nonostante avesse oramai intuito i meccanismi della dipendenza patologica da lui e fosse arrivata a sviluppare l'idea che la guarigione potesse determinarsi solo con la chiusura della storia, Carla approfittò delle energie ritrovate e del suo (transitorio) equilibrio per vedere Giacomo altre volte. Naturalmente ritrovò un uomo infantile ed egoista, un guardiano freddo, un inquisitore e riprese a soffrire atrocemente.

C'è un limite all'efficacia della psicoterapia di ogni tipo di dipendenza patologica, comprese le dipendenza affettive e relazionali. Si tratta del limite della volontà della persona di affrancarsi realmente e radicalmente dall'oggetto della dipendenza, di attuare un abbandono fermo e consapevole dei circoli viziosi della relazione disfunzionale. Se la persona rifiuta di affrontare un periodo di astinenza finalizzata al distacco da chi dipende, il suo percorso di cambiamento non può che arrestarsi e gradualmente regredire verso un sintomo, talvolta ancora più strutturato e grave del precedente. Così come nella cura della tossicodipendenza occorre che il paziente rinunci attivamente alla sostanza perché in una fase successiva le intuizioni sviluppate in psicoterapia si consolidino in consapevolezze e determino un cambiamento stabile, nella terapia della dipendenza affettiva è necessario che la persona riconosca la necessità di un periodo di "disintossicazione", di astinenza mediante allontanamento dal partner per proseguire la psicoterapia e concluderla con successo.

Nella terapia breve delle dipendenze relazionali ho individuato un percorso di sette passaggi o fasi successive, fasi che occorre affrontare in un ordine determinato perché l'intervento raggiunga pienamente il suo obiettivo: non solo il depotenziamento e l'annullamento radicale della sintomatologia specifica, ma anche la ricostruzione di un'identità in grado di agire al di fuori e oltre la relazione di dipendenza patologica.

Il percorso è dunque articolato in sei momenti che descriverò nei prossimi paragrafi:

- Fase 0. Prima consulenza
- Fase 1. Fase intuitiva o di *insight*
- Fase 2. Fase di latenza
- Fase 3. Fase attuativa o di astinenza attiva
- Fase 4. Fase esperienziale emotiva correttiva
- Fase 5. Fase della consapevolezza
- Fase 6. Consolidamento.

Gli obiettivi della psicoterapia

Anche se è impossibile generalizzare gli obietti e i tempi del percorso psicologico o standardizzarli, perché si incorrerebbe nel rischio di depersonalizzare la psicoterapia e la relazione terapeutica si può ricondurre la varietà dei casi, teoricamente infinita a sette grandi aree-obiettivo utili a focalizzare, insieme al paziente, le finalità a breve e medio termine della psicoterapia.

Queste aree-obiettivo individuano gli ambiti in cui, spesso inconsapevolmente, la persona è carente o inadeguata sia a causa di vissuti pregressi sia nel contesto e nelle sue relazioni attuali con se stessa, con gli altri e col mondo.

Le chiamo "le sette grandi A", perché cominciano tutte con la prima lettera dell'alfabeto:

Autonomia, riguarda la capacità di prendere decisioni in linea con i propri bisogni affettivi e di coltivare un senso di integrità e d'indipendenza rispetto al giudizio e all'influenza altrui.

Autostima, può definirsi sinteticamente come l'attitudine a valorizzare se stessi e a integrare le "parti buone" con le "parti cattive" di sé in un sentimento positivo di auto-accettazione e di complessiva serenità.

Auto-realizzazione, ha a che fare con la tendenza della persona a utilizzare le proprie risorse per mettere a frutto, anche sul piano lavorativo, le sue attitudini e i suoi talenti.

Auto-consapevolezza, consiste nella capacità di "guardarsi dentro in relazioni al fuori", ovvero nel saper identificare il proprio funzionamento emotivo, cognitivo e relazionale e riconoscere, in modo flessibile e dinamico, le conseguenze dei propri comportamenti e della qualità della propria comunicazione sugli altri e viceversa.

Assertività, individua l'abilità di comunicare in modo efficace e costruttivo, senza aggressività e senza remissività.

Apertura, identifica la tendenza a confrontarsi con autenticità con gli altri, la disponibilità all'amicizia e alle buone relazioni, la volontà, la curiosità e la fiducia verso il prossimo.

Affettività, è l'area in cui convergono il passato e il presente delle relazioni significative nella vita della persona e che contiene, spesso al di là della sua consapevolezza, gli schemi d'interazione disfunzionali che soggiacciono al problema portato in psicoterapia.

Fase 0. Prima consulenza

Il primo incontro col terapeuta è generalmente carico di attese e di ansietà. Indipendentemente dal problema per il quale chiede la consulenza, la persona giunge in studio dopo lunghe riflessioni e non di rado dopo aver tentato in altri modi di affrontare il proprio disagio. Il sentimento che meglio descrive l'approccio della persona a una prima seduta di psicoterapia, soprattutto se vive una dipendenza affettiva è "ambivalenza"; desiderio di aprirsi e bisogno di nascondersi, speranza nel cambiamento e sfiducia nella terapia, esigenza di liberarsi e timore di farlo si alternano in una danza interiore che confonde e che risulta estenuante.

Il terapeuta strategico considera la prima seduta un intervento di consulenza a tutti gli effetti e si comporta come se fosse l'unica, perciò si preoccupa di intervenire sul problema (con un'indicazione, una lettura della dinamica attraverso cui il disturbo si mantiene, l'ipotesi di un piano terapeutico ecc.) già entro la fine del colloquio. Per riuscire in un'impresa così complessa, lo psicoterapeuta segue la persona nella narrazione che fa di sé, ascolta mettendo se stesso a tacere, accoglie lacrime e indecisioni, domanda allo scopo di ascoltare ancor più profondamente e non certo per giudicare l'individuo in base a qualche teoria preconfezionata. Il paziente che sino a quel momento aveva "ballato da solo" in un mondo confuso di paure e di aspetti inconfessabili della propria vita percepisce la sensazione inedita che qualcuno, il terapeuta, danzi accanto a lui. È il primo decisivo passo verso la soluzione del problema.

La richiesta d'aiuto nel caso di dipendenza affettiva non è mai univoca e raramente è diretta. La persona richiede la consulenza perché è pervasa da un disagio divenuto intollerabile, ma è piuttosto infrequente che ne riconosca esplicitamente i motivi e che garantisca totale disponibilità al cambiamento. Così, entro la seduta 0, occorre che il terapeuta supporti la persona nell'esplicitazione del problema e nella definizione di obiettivi da raggiungere nel tempo più breve possibile (generalmente in un periodo compreso tra i 10-20 incontri).

Alla fine del primo incontro i pazienti riportano con frequenza un sentimento misto di "leggerezza" e di "paura". Da una parte sentono di poter davvero spezzare le proprie catene con l'aiuto della psicoterapia, dall'altra già immaginano gli ostacoli nascosti nel cambiamento. In alcuni casi prefigurano le reazioni repressive violente del/della partner alla loro "guarigione", in altri si vedono deprivati della "droga d'amore", del soggetto da cui dipendono ed è una cosa che in prima seduta non piace loro affatto.

Fase 1. Fase intuitiva

La prima fase del processo terapeutico si concentra su come "funziona" il problema. Come si manifesta? Quali sintomi lo caratterizzano? Quali conseguenze ha sulla quotidianità della persona? Quali pensieri, emozioni e comportamenti lo alimentano? Quali lo inibiscono?

Più che compiere una ricognizione storica sulla relazione e sul vissuto del paziente, si lavora sulla configurazione attuale della sua dipendenza. Infatti, incoraggiare il paziente a compiere una minuziosa ricerca "archeologica" su di sé, sui propri genitori e sulla propria infanzia può depistarlo dalla ricerca di una soluzione concreta e operativa al disagio, oltre che prolungare notevolmente i tempi di trattamento.

Dal punto di vista della psicoterapia strategica, problemi e soluzioni si coniugano al tempo presente e non c'è alcuna ragione valida per ritenere che la chiave per risolvere un disagio che perturba la psiche nel "qui ed ora" si trovi in un remoto "là e allora", come uno shock subito da bambini o lontani eventi traumatici. Bisogna, inoltre, considerare che spostare l'attenzione dal presente disfunzionale dell'attuale relazione a ipotetici altri "più profondi" conflitti con figure del passato può divenire per il paziente un modo perfetto per evitare di analizzare l'esperienza in cui più avverte disagio, quella attuale appunto, e così rimandare ad oltranza l'azione e il cambiamento.

I soggetti più dipendenti idealizzano a tal punto l'oggetto d'amore da sollevarlo di ogni responsabilità per la sofferenza che patiscono nella relazione. L'altro è immaginato come "tutto buono", ogni addebito va a carico del paziente che, soprattutto nelle prime sedute, tende a recitare un rosario infinito di accuse a se stesso. "Forse dovevo dire così …", "Forse ho sbagliato …", "Forse sono troppo esigente" e così via. Incolpando se stessa di tutto, la persona dipendente mantiene un'illusione di controllo sulla relazione: infatti, se il "fallimento del legame" è imputabile solo a se stessa, basterà cambiare per avere il rapporto amoroso che desidera. Questa logica all'apparenza consolatoria prelude, invece, un irrigidimento del quadro patologico. Ogni tentativo di riconquista sembra intensificare l'angoscia, il senso d'allarme perenne e di perpetua transitorietà che domina le relazioni di dipendenza patologica. Come si vedrà più avanti, la cosa più complessa nel trattamento delle dipendenze affettive è aiutare la persona a rendersi conto che per quanto possa cambiare, per quanto si sforzi di plasmarsi sulle esigenze del/della partner la situazione rimarrà tale e quale: un deserto emozionale dove si seminano invano candidi gigli.

Durante la prima fase della psicoterapia la persona comincia a intuire come funzioni la sua dipendenza e quali conseguenze abbia sulla propria vita e inizia a notare quanto le osservazioni che emergono seduta per seduta risultino esatte e "magicamente" predittive di quanto accade tra un incontro e il successivo.

Questa forma di intuizione o *insight* generalmente non ha la forza dirompente di una più solida consapevolezza - che si raggiungerà successivamente - ma, su un piano strategico, è bene che sia così: è la goccia che scava la roccia e spezza la montagna.

La funzione principale della fase dell'*insight* è quella di sostenere la persona nello sviluppo di un'attitudine in cui certamente è stata carente: l'intuizione, ovvero l'attitudine di "anticipare" in base a un processo inconscio l'agire e il sentire proprio e di sé in rapporto all'altro. Molte storie di dipendenza affettiva sembrano nascere e proseguire in un'escalation di disperazione e di patologia dal fatto che uno o entrambi i soggetti coinvolti abbiano messo a tacere se stessi e il proprio intuito pur di "vivere un amore"...

Fase 2. Fase di latenza

In questa fase del processo terapeutico generalmente i sintomi iniziali sono del tutto scomparsi o risultano molto attenuati. Per il paziente è in un momento di entusiasmo e di speranza. Entusiasmo perché la psicoterapia dimostra la sua utilità e lo alleggerisce del carico schiacciante dell'ansia o della depressione; speranza perché finalmente la persona sente di poter cambiare la situazione in cui è e ritrovare un equilibrio. Giunti a questo stadio del percorso terapeutico, le consapevolezze e gli *insight* su come funzioni il problema di dipendenza affettiva si moltiplicano, amplificati da quanto accade nella realtà. Malgrado la persona sia "cambiata" e si approcci in modo più sereno all'oggetto di dipendenza, tende ad agire esattamente come prima. Ciò che avviene nella fase di latenza è che le risposte del partner un tempo agognate e vissute come gratificanti diventano pian piano frustranti. Le telefonate, gli incontri, gli sms, le "sparizioni" e i "ritorni" che pure continuano proprio come all'inizio della psicoterapia, assumono un significato del tutto nuovo: quello di accadimenti meccanici, prevedibili, freddi e, tutto sommato, sgradevoli. Perciò, in modo inizialmente impercettibile, graduale ma inesorabile, il paziente riduce il grado di attaccamento al/alla protagonista della sua ossessione. Si tratta di emozioni latenti, di spostamenti dell'asse affettivo dall'altro a sé, che il dipendente affettivo tende sottostimare. Il fatto di avvertire improvvisamente come sgradevoli i contatti col partner viene paradossalmente vissuto come un problema. "Non provo più quello che provavo prima", "A un certo punto, non vedevo l'ora di andarmene", "Ho avuto la tentazione di non rispondere al telefono", dicono i pazienti durante la fase di latenza e manifestano un velato dispiacere. Infatti, ora che persino l'incontro col partner diventa spiacevole quasi quanto la sua snervante attesa, quali sono i vantaggi della relazione? Cosa farsene? Per quale motivo proseguire l'inseguimento?

L'elemento intuitivo dell'*insight*, che riguarda l'area del pensiero raggiunto nella fase precedente si combina con il cambiamento emotivo e produce un'ulteriore frattura nel sistema percettivo-reattivo della persona: la relazione di dipendenza ne risulta notevolmente indebolita.

Spesso, però, durante la fase di latenza il paziente tende a usare la ritrovata energia e il benessere conseguito per proseguire la relazione, illudendosi che, ora che si sente forte, potrà gestire in modo diverso il rapporto e, magari, innescare cambiamenti nel comportamento dell'oggetto d'amore. L'illusione del dipendente affettivo nella fase di latenza è ancora quella degli inizi: se io cambio, se io miglioro, l'altro s'innamorerà di me e tutto andrà benissimo. Questa utopia ricadrà pesantemente sul paziente alla fine della fase di latenza, momento in cui non è raro riscontare ricadute, anche di intensità severa, collegate proprio al fatto che l'inconscia speranza di una relazione rinnovata e gratificante crolla sotto il peso delle evidenze già ripetutamente raccolte nella fase 2 del percorso.

Lo stadio di latenza costituisce un momento particolarmente critico per la riuscita del percorso psicoterapeutico perché espone la persona a emozioni frustranti e per questo motivo richiede al terapeuta un'elevata capacità di contenimento e di gestione dello stress. Terminato lo stadio di latenza, comunque, il paziente è maturo per riconoscere senza più auto-inganni che vive una relazione malata e che, ora che ne ha gli strumenti, è pronto ad attuare un cambiamento anche sul piano comportamentale: astenersi dalla relazione, costi quel che costi.

Fase 3. Fase attuativa o di astinenza attiva

Nel corso della fase di latenza la persona ha analizzato il proprio presente affettivo e l'ha sperimentato con nuovi occhi. Ora la dipendenza viene vissuta come una sorta di "obbligo", una gabbia da cui non si riesce a uscire, una compulsione irrefrenabile a ripetere comportamenti che danno sempre lo stesso esito. Rispetto alla percezione iniziale, quella attuale è una visione più lucida della realtà: la relazione è malata e bisogna cambiare, prima che sia davvero troppo tardi. Uno degli indicatori più affidabili che la persona è pronta a passare alla fase attuativa è che cessa di usare termini come "amore", "fare l'amore" ed espressioni similari. Inoltre, il paziente comincia a de-idealizzare l'oggetto, a intuirne i problemi e vederne le debolezze, cosa che in genere mette in seria discussione la base stessa della dipendenza affettiva.

La fase attuativa è un momento del percorso in cui la persona decide di astenersi dall'oggetto d'amore. La decisione è presa in modo autonomo e non senza dolore. La persona che interrompe una dipendenza affettiva vive un lutto, si espone a un trauma e perciò questo stadio della psicoterapia non è indolore. Anche se la maggior parte del lavoro è stata svolta, la persona deve sfidare una vera e propria sindrome da astinenza, proprio come avviene nel processo di disintossicazione da sostanze psicoattive. Mal di testa, dolori addominali, insonnia, irritabilità, ansia sono i sintomi più spesso lamentati nei primi giorni di astinenza attiva.

In alcune fasi il dolore psichico è così acuto che si va incontro a "ricadute": la ricerca impulsiva dell'altro o l'incontro servono a limitare la sindrome da astinenza, ma in realtà prolungano soltanto i tempi del cambiamento. Uno dei problemi più gravosi nell'affrontare una "disintossicazione" è che la droga da cui si dipende "ha le gambe" e può quindi inseguire la sua vittima, cercare di accattivarsela, fare in modo da riassumerne il controllo. Ho visto spesso pazienti in questa fase, trasformarsi da inseguitori a inseguiti, fare una fatica immane per respingere l'altro, colui o colei che sino a poco tempo prima sembrava avere totale autonomia.

Altro nemico da combattere nella fase di dipendenza attiva è un fenomeno noto nelle dipendenze con e senza droga: il *craving*.

Il *craving* è un impulso irrefrenabile che assale il dipendente al minimo contatto con l'oggetto di dipendenza e che sfocia in comportamenti incontrollabili di tipo consumatorio.

Nella dipendenza da alcol, il *craving* porta immediatamente dall'assunzione di un "goccio e basta" all'assunzione di litri di bevande alcoliche sino alla perdita di coscienza. Nella dipendenza affettiva, il *craving* consiste, per esempio, nel mandare all'altro solo un sms per sapere come sta e sorprendersi un istante dopo a farci l'amore o a supplicare un po' d'attenzione.

Il problema del *craving* è che è impossibile reprimerlo. Perciò la sola soluzione è evitare qualunque esposizione allo stimolo/oggetto di dipendenza, mantenendo la consapevolezza che non esistono modi per gestire la dipendenza, ma bisogna interromperla.

La fase della dipendenza attiva è l'ultimo stadio critico della psicoterapia, perché ancora permane un legame, un senso di forte appartenenza alla relazione patologica. Possono verificarsi ricadute, la persona può continuare a ricorrere ad autoinganni per rifrequentare l'amato/a e ciò determina in alcuni casi persino l'interruzione del percorso terapeutico. Tuttavia, se si è lavorato bene sino a questo punto, il circuito della dipendenza affettiva è ormai logoro, deformato, non dà più alcun piacere né è più tanto facile illudersi che la cosa possa tornare come un tempo. Così, anche nei casi di "recidiva" o quelli in cui il paziente finisce per "mollare" la terapia, il cambiamento è già avviato e, anche se più lentamente e più dolorosamente, tenderà a proseguire il suo corso e a compiersi.

La persona può considerarsi in fase di "dipendenza attiva" finché sente di dover fare uno sforzo cosciente, finché avverte la mancanza dell'altro e dei vecchi meccanismi. Nel corso di questa fase il paziente progressivamente vive una sorta di "disintossicazione" alla fine della quale si accorge che ha smesso di rimuginare, di star male, di dipendere dal pensiero della e sulla relazione. Gli indicatori di cambiamento fanno riferimento a comportamenti, più che a pensieri: non ci sono più risposte immediate a sms, si vivono con disagio e si allontanano persone situazioni o oggetti che richiamano il ricordo dell'altro e così via.

Raggiunto questo fondamentale traguardo è possibile passare alla fase successiva.

Fase 4. *Fase esperienziale emotiva-correttiva*

Il periodo di astinenza attiva comporta generalmente un cambiamento concreto e non pianificato nella quotidianità della persona. I "vuoti" lasciati dalla dipendenza che permeava l'esistenza del paziente vengono pian piano riempiti da nuovi interessi e attività. Senza averne piena consapevolezza, l'ormai ex dipendente affettiva/o esperisce in modo differente gran parte delle cose che succedono e si sorprende a provare un senso crescente di piacere e appagamento nel condurre la vita di tutti i giorni. Il lavoro torna a diventare gratificante, le rare uscite con gli amici mutano in eventi frequenti e stimolanti e non di rado la persona riacquista la capacità di occuparsi di sé e di valorizzarsi.

I colloqui terapeutici in questa fase del percorso sono pieni di sorprese, di racconti densi di novità e di commenti su esperienze inaspettate. La persona riacquista la capacità di partecipare emotivamente agli avvenimenti e di esprimere i propri stati d'animo attraverso una comunicazione non-verbale ricca di sfumature. Si ha l'impressione di avere davanti un bambino che scopre il mondo, qualcuno che si sia svegliato da un maleficio dopo un sonno centenario e riassapori la bellezza di ciò che lo circonda.

Allo stesso tempo, i riferimenti all'oggetto d'amore diventano meno frequenti e sono spunto di dispiacere, ma non di nostalgia. Il pensiero tende a tornare sulla storia passata, ma, a differenza di quanto accadeva negli stadi precedenti, sembra sorvolare sul patimento e sulla devastazione emotiva senza addentrarcisi e correre il noto rischio di rimanere intrappolato tra le macerie.

Nel corso di questa fase, tra i molti aspetti di novità si verificano uno o due momenti decisivi per la rottura definitiva dello schema di dipendenza. Questi eventi sono fortemente carichi di partecipazione emotiva e costituiscono un elemento di discontinuità rispetto alle percezioni predenti che la persona aveva di se stessa e del proprio stare nel mondo. Per questo motivo si tratta di avvenimenti dalle conseguenze terapeutiche, "correttive" di schemi mentali che in passato hanno alimentato i circoli viziosi della dipendenza. Esempi di esperienze emozionali correttive possono essere l'incontro con una persona nuova verso la quale il paziente si accorge di provare una spontanea e reciproca simpatia; un viaggio o una gita affrontati in piena autonomia, senza dipendere da "amici-stampella" come in passato e senza vivere l'attesa angosciante di un messaggio o una telefonata come accadeva in piena dipendenza affettiva. Le possibili esperienze emotive correttive variano da soggetto a soggetto e non sono necessariamente avvenimenti straordinari. Ciò che è "correttivo", "terapeutico" non è il fatto che accade, ma la percezione che se ne ha, una percezione innovata, libera e serena.

Mai come ora la persona si avvicina alla consapevolezza della voragine in cui era precipitata, mai come ora è in grado di intuirne la profondità e di gioire per essere scampata all'abisso. Un segnale chiarissimo che ci permette di capire che il paziente si trova in questa fase della psicoterapia è il fatto che comincia a chiedersi con stupore: "Ma come ho fatto? Come è possibile che fossi diventato schiavo/a a quel punto di una relazione così infelice? Come ho potuto?".

Fase 5. *Fase della consapevolezza*

Nel corso di questa fase, che generalmente è di breve durata, la persona si rende conto di cosa le stava capitando ed è pronta a formulare risposte stabili e convincenti sul perché e sul come fosse scivolata in un rapporto di dipendenza patologica. Si tratta di uno stadio della terapia più razionale che emotivo, in quanto il paziente ha già ritrovato un equilibrio affettivo in precedenza; ora si tratta di portare a un livello cosciente e consapevole i meccanismi che hanno generato il problema e le strategie che l'hanno risolto.

A volte la consapevolezza ha un impatto doloroso. La persona può "scoprire" di essere stata soltanto un oggetto o di essere stata sfruttata dal partner per vantaggi secondari come il sesso o il denaro. Perciò questa è anche la fase della rabbia per se stessi e per l'altro/a, il momento in cui si designa un punto di non ritorno e la chiusura definitiva.

Nel corso di questo stadio terapeutico la persona affronta in modo sereno aspetti fondamentali della propria identità, come il bisogno d'appartenenza, il desiderio d'amore, la qualità delle relazioni con i genitori, i parenti e gli amici più stretti. Ne deriva una revisione, spesso profonda delle priorità della vita quotidiana e della struttura della rete sociale.

Il dubbio posto al terapeuta è: "Come so che non ricadrò in circoli viziosi? Come so che non sostituirò una dipendenza con un'altra?". Questo problema è risolto nella misura in cui la persona accetta di sviluppare una "dipendenza sana" e non più patologica da chi ama. Un rapporto di dipendenza sana può essere rappresentato da concetti come reciprocità, fiducia, autonomia, apertura verso l'esterno e progettualità. Tutte caratteristiche opposte alla relazione di dipendenza patologica.

Altri criteri per distinguere la dipendenza "sana" da quella "patologica" sono:

- la capacità di mantenere e concedere spazi privati e gestirli senza suscitare reazioni di controllo o sentimenti di gelosia
- tollerare l'assenza fisica del partner;
- vivere la relazione senza il timore che finisca o la paura dell'abbandono.

Fase 6. Fase del consolidamento

La fase di consolidamento precede il termine della psicoterapia e ha lo scopo di sostenere la persona nell'acquisizione di maggiore libertà e della sicurezza che gli obiettivi raggiunti siano stabili e duraturi. Anche se affrontata con le migliori strategie, una storia di dipendenza affettiva lascia nei suoi protagonisti strascichi destinati a renderli per un certo periodo esitanti nelle nuove relazioni, ansiosi e, talvolta, estremamente sospettosi. Inoltre, la scomparsa dei sintomi e delle condotte disfunzionali (evitamento sociale, attenzione costante sul sintomo, costante richiesta d'aiuto) che regolavano la vita familiare e le relazioni amicali spesso svela l'esistenza, anche in questi rapporti "sani", di squilibri e di "giochi" che il/la "dipendente guarito/a" rifiuta fermamente e improvvisamente dopo anni di passiva condiscendenza. La reazione al cambiamento da parte delle persone più vicine al paziente non è sempre positiva e incoraggiante. "Non sei più quello/a di una volta" è l'accusa che gli ormai ex pazienti possono sentirsi rivolgere non appena conquistano una maggior autonomia. Gli incontri di consolidamento svolgono la fondamentale funzione di supportare la persona nella costruzione di un rinnovato adattamento al contesto sociale e nella ricerca di situazioni in cui sperimentarsi ex-novo. Il ruolo del terapeuta in queste ultime battute del percorso è quello di sottolineare di volta in volta i progressi fatti e spingere la persona a proseguire da sola, forte del percorso intrapreso. Gli incontri diventano mensili e poi bimestrali per diradarsi progressivamente sino all'ultima seduta, incontro in cui si fa un sunto delle evoluzioni e si tratteggiano scenari futuri.

In genere, i segnali dell'avvenuto consolidamento sono ben riconoscibili e indicano con un buon grado di affidabilità che è ora di terminare il trattamento. Oltre alla remissione completa della sintomatologia e alla totale ripresa delle attività precedentemente compromesse dalla dipendenza affettiva, la fine della psicoterapia è contrassegnata dal fatto che la persona tende a parlare al passato delle sue vicende traumatiche, che riporta di ricordarle con distacco e senza particolare sofferenza. Su un piano concreto non è raro che il/la paziente decida di superare limiti che in precedenza considerava aspetti costitutivi della propria personalità. Per esempio, ci sono pazienti che decidono di andare a vivere da soli/e o di affrontare finalmente la propria insoddisfazione professionale.

La fase di consolidamento ha durata variabile da caso a caso, comunque generalmente compresa tra i cinque e gli otto incontri nell'arco di un anno. In un periodo così lungo è possibile valutare la "tenuta" del cambiamento e aiutare la persona a far fronte a eventuali avvenimenti che possono minacciarlo. Uno di questi, molto frequente, consiste nel tentativo da parte della persona da cui il paziente dipendeva affettivamente di intrecciare una nuova forma di relazione. Per il/la paziente può essere una circostanza critica: perché chi lo/la respingeva e maltrattava adesso ritorna con tanta insistenza? Perché il carnefice diventa mansueto come un tenero agnello? Come mai ora promette cambiamenti e giura amore eterno?

A questo punto, il/la paziente ha strumenti sufficienti per accorgersi, anche se con tristezza, che questo inseguimento prova quanto sia stato e sia perverso il circolo comunicativo nel quale era precipitato/a.

Spesso chiedo alle persone che concludono la psicoterapia di scrivere le proprie impressioni sul lavoro fatto, di valutarne i risultati e di ipotizzare la tenuta del cambiamento conseguito e nel tempo ho raccolto lettere lucide e toccanti. Elementi ricorrenti in questi testi di fine terapia sono la forte sensazione di essersi liberati/e e la solida consapevolezza di poter vivere l'amore in modo nuovo e con gioia.

Otto stratagemmi terapeutici per spezzare gli schemi delle dipendenze affettive

La saggezza
è lasciar crescere ciò che nasce,
gustare ciò che è maturo
e lasciar perdere ciò che è morto.
(Shafique Keshavjee)

A partire dalla metà degli anni '70 un gruppo di psichiatri e psicologi americani divenuti poi famosi sotto il nome di Scuola di Palo Alto (California) sentì il bisogno di mettere in discussione un dogma sino ad allora inviolato nel trattamento dei disturbi psicologici: il cambiamento avviene molto gradualmente, richiede tempi lunghi e molti anni di psicoterapia. L'esigenza di riconsiderare questo presupposto nasceva dai risultati non proprio soddisfacenti delle terapie lunghe basate sull'analisi del passato e dell'inconscio e da nuove scoperte in ambiti all'apparenza distanti dalla psicologia, come la cibernetica, la matematica e la fisica in base alle quali il cambiamento non è necessariamente un processo lento e graduale, ma un processo di tipo "rivoluzionario" che si attiva in tempi brevi.

La sfida lanciata alle psicoterapie a lungo termine dalla Scuola di Palo Alto e dalle successive generazioni di psicoterapeuti a breve termine, a distanza di molti decenni, è stata vinta. Sono ormai centinaia gli studi a livello internazionale che sottolineano l'efficacia degli approcci a breve termine nel trattamento della maggior parte dei disturbi psicologici (ansia, panico, fobie, ossessioni, depressioni reattive e non). Tanto più che sulla scia delle psicoterapie strategiche, modelli "tradizionali" hanno elaborato e proposto versioni "light", revisionando necessariamente i propri presupposti. Deve far riflettere che persino la psicoanalisi, il dinosauro delle psicoterapie, propone oggi decine di psicoanalisi a breve termine.

Una delle peculiarità dell'approccio strategico ai problemi umani è l'utilizzo di compiti e prescrizioni che impegnano i pazienti tra una seduta e l'altra e che appaiono tanto strani quanto si rivelano efficaci nella risoluzione in tempi brevi del caso. Il terapeuta si impegna attivamente nel processo di cambiamento e lo promuove stimolando l'azione della persona in direzioni nuove, capaci di mostrarle prima su un piano esperienziale e poi su quello emotivo e cognitivo quali siano i meccanismi su cui prospera la dipendenza e come spezzarli.

Le psicoterapie brevi strategiche muovono da un presupposto semplice e fondamentale: per risolvere un problema occorre partire da come funziona e non dal perché si è creato (Nardone, Watzalawick, 1990). Infatti, per quanto sia elevata nel paziente la consapevolezza circa le origini "profonde" di un problema (le dinamiche familiari pregresse? i "traumi" infantili?), di rado questa è sufficiente a smuoverlo dalle continue e inconsapevoli strategie mediante i quali complica ogni giorno, nel qui e ora della sua esistenza, la relazione che lo intrappola. Questo è particolarmente vero nelle dipendenze affettive, in quanto la persona arriva spesso in terapia con una sofisticata "teoria di sé" e della storia che vive corredata da un ampio corollario di "perché" le sia accaduta; e nonostante molte delle sue spiegazioni possano apparire logiche e ragionevoli, la patologia persiste e peggiora. È evidente che la difficoltà affettiva e le sue soluzioni non risiedono nel domino della logica ordinaria, per la quale trovare le cause di un problema lo risolve. Così, cercare una spiegazione razionale ai circoli viziosi del mal d'amore è come sforzarsi di aggiustare uno specchio filato con chiodi e martello: con le migliori intenzioni si finisce per fare un danno ancora maggiore. La psicoterapia strategica, perciò, agisce proprio sugli aspetti "irrazionali" che alimentano la sofferenza psichica e, anziché contrastarli, li utilizza per produrre un cambiamento. Per farlo, il terapeuta adotta uno stile comunicativo ipnotico, ricco di aneddoti, di analogie e di metafore in grado di parlare alla "mente irrazionale" del paziente, quella che nella dipendenza affettiva detiene il comando assoluto sulla sua vita. La persona viene, inoltre, ingaggiata in un processo di cambiamento attivo e concreto mediante prescrizioni e compiti specificamente mirati a rompere il rigido schema che sostiene il funzionamento della patologia. Il principio sotteso alla scelta di una strategia terapeutica è interrompere la catena di azioni, emozioni e comportamenti che alimenta la relazione disfunzionale e, naturalmente, non esistono strategie valide per tutti i casi. Ogni persona riceve una psicoterapia individualizzata, costruita ad hoc sia sul particolare problema portato che sul suo peculiare sistema di valori, aspettative e attitudini. Per questo, gli otto stratagemmi illustrati in questo capitolo hanno un puro scopo esemplificativo e rappresentano un piccolo campione delle infinite possibilità da cui la creatività del terapeuta stimolata dall'alleanza col paziente può attingere per produrre cambiamenti durevoli in poche sedute.

In oltre cinquant'anni di storia, l'approccio strategico ai problemi umani ha raggiunto un notevole livello di sviluppo, tale per cui è stato possibile evidenziare l'efficacia di alcune tattiche su problemi specifici. Per esempio, esiste un'ampia letteratura sul trattamento dell'ansia e degli attacchi di panico, delle depressioni e dei disturbi alimentari. Le tecniche raccolte in questo libro s'ispirano, nelle loro linee generali, ad altre già sperimentate con successo per varie patologie, ma sono il frutto dell'applicazione diretta su decine di casi. In questo senso, costituiscono un contributo nuovo e originale anche se non definitivo alla clinica delle dipendenze affettive. Le tecniche qui esposte saranno certamente di ispirazione per il clinico che voglia agire nel più breve tempo possibile su questo tipo di problemi, per il lettore non addetto ai lavori, uno spunto di riflessione su di sé e su come cominciare un cambiamento nel proprio modo di vivere la relazione affettiva disfunzionale, qualora lo ritenesse necessario.

La consegna del silenzio

"Perché la terapia funzioni e sia subito efficace è importante che durante questa prima settimana esegua un compito.

Di qui al nostro prossimo incontro dovrà evitare di parlare con altre persone della sua relazione e del suo stato d'animo.

Mantenga il silenzio e, se dovesse cedere, come credo, ricordi che in questo momento più parla e più peggiora la situazione".

Per Pascal, "nell'amore, un silenzio val più di un discorso" eppure, tipicamente, gli uomini e le donne imprigionati in una dipendenza affettiva agiscono in modo opposto. Un tentativo disfunzionale di soluzione al disagio relativo a una relazione infelice è, infatti, quello di parlare con familiari, amici o conoscenti del problema nella ricerca spasmodica di un consiglio su come gestire la crisi. Molto più spesso, i dipendenti affettivi s'impegnano in un'autentica propaganda della loro storia con la richiesta inconscia di approvazione per l'ingiustizia di cui si sentono vittime.

La tendenza a raccontare dettagliatamente il proprio stato d'animo e gli accadimenti frustranti, in effetti, sembra alleviare l'angoscia incombente e il senso di solitudine, mentre i consigli ricevuti dagli altri danno un'illusione di controllo su un sentimento vissuto come travolgente e totalizzante. Purtroppo, il sollievo procurato dallo sfogo dura poco e, quando scema, il dipendente affettivo ricomincia da capo a interpellare gli altri.

La costanza con cui ciò accade sortisce in genere due effetti. Amici e conoscenti cominciano a prendere le distanze dalla persona oppure ingaggiano con lei una strenua lotta contro il mal d'amore, dispensando suggerimenti inutili nel migliore dei casi, spesso controproducenti. Quando la dipendenza è totale, l'individuo rifiuta più o meno apertamente qualsiasi opinione diversa dalla propria e reagisce con aggressività a chiunque gli consigli di prendere le distanze dall'oggetto della sua ossessione. Si stabilisce così nel suo ambito sociale una rete di "dipendenze secondarie", date dalla comunicazione compulsiva e dall'attaccamento morboso a uno o più amici o familiari investiti del fallimentare incarico di soccorritori destinati a perdersi nelle maglie della dipendenza affettiva. Gli amici un giorno avranno l'impressione che il proprio supporto sia efficace; il giorno dopo riceveranno notizie desolanti. Alle volte, i consiglieri sentiranno il soggetto dipendente arrabbiato e determinato a interrompere la relazione e a riprendere in mano la propria vita e, in pochi giorni, lo ritroveranno al punto di partenza, delirante e trasognato in un amore che crede di nuovo possibile.

I soccorritori diventano in questo modo soggetti palliativi dell'ossessione amorosa al punto tale da rafforzarla inconsapevolmente. Anche quando la relazione dipendente s'interrompe, la complicità di familiari e conoscenti nell'ascolto e nel supporto della persona "malata" non fa altro che alimentarne il corto-circuito psicologico che sostiene la dipendenza.

È esperienza comune che più si parla di una cosa, più essa diventa reale, anche se questo fatto inconfutabile contrasta con la credenza socialmente condivisa che sfogarsi sia salutare. Attorno al dipendente affettivo si formano veri e propri "gruppi d'ascolto" informali, una sorta di pubblico parlante che, ogni giorno o quasi, assiste impotente all'inesorabile caduta del protagonista di un'autentica fiction melodrammatica. Indirettamente, la platea che la persona crea attorno alla propria vicenda finisce per incoraggiarla a proseguire, a battersi sino all'ultimo per la sua impresa autodistruttiva. Di certo, i consiglieri designati dal dipendente affettivo agiscono con nobili intenzioni e animati dal buon senso quotidiano, eppure diventano uno dei motori del problema. In quest'ottica, la soluzione tentata del "parlare" rappresenta uno tra i principali meccanismi responsabili della persistenza del problema.

Non deve, perciò, stupire che la "prescrizione del silenzio" sia una tattica terapeutica fondamentale e dagli effetti dirompenti nel trattamento della dipendenza affettiva. Questa ingiunzione agisce frontalmente sul sistema comunicativo che rafforza la dipendenza affettiva, perché l'improvviso silenzio del paziente interrompe il circolo vizioso che si auto-alimenta delle confidenze e del successivo disagio che lo spinge a intensificare l'attenzione sulla relazione disfunzionale.

La stessa tecnica è un classico della terapia breve strategica dei disturbi ansiosi e degli attacchi di panico, ambito nel quale è risultata efficacissima in base studi internazionali su vasti campioni clinici (Nardone, 1993, Nardone, Watzlawick, 2005). Come il paziente ansioso chiede continuamente l'aiuto altrui ricevendo in cambio il messaggio indiretto "ti aiuto perché non sei capace", che conferma la propria percezione d'inadeguatezza e quindi rafforza il sintomo; così il dipendente affettivo s'incastra in un sistema sociale che dovrebbe supportarlo, ma che veicola comunicazioni implicitamente svalutanti e rinforza la condizione di dipendenza e le condotte che la sostengono.

Molti pazienti affrontano con riluttanza la prescrizione del silenzio, altri la vivono come una possibilità di cambiamento immediato. Ma in entrambi i casi, il compito sortisce effetti utili a spezzare un primo circuito della dipendenza affettiva. Chi si attiene alla prescrizione riporta in genere un miglioramento della sintomatologia: l'ossessione si riduce mentre aumenta la percezione di controllare il problema. Chi, invece, "trasgredisce" la consegna del silenzio, trae il vantaggio di comprendere e sentire più a fondo quanto sia radicata la dipendenza e, soprattutto, esperisce una nuova consapevolezza: più si affida ai suoi confessori, peggio è. Questa scoperta motiva la persona a impegnarsi maggiormente nella psicoterapia e a guadagnare, settimana dopo settimana, un migliore controllo dell'impulsività.

Un ulteriore vantaggio della tecnica in questione consiste nel fatto che facilita un'elaborazione del problema in prima persona ovvero senza che pensieri, emozioni e comportamenti vengano filtrati attraverso il punto di vista di altre persone. Nel lavoro terapeutico, questo favorisce l'espressione del vissuto all'interno dell'unità di tempo della seduta psicoterapeutica, svincolando gradualmente la persona dal pensiero costante sulla relazione da cui dipende.

Il "diario" della dipendenza

"Per intervenire sulla Sua ossessione abbiamo bisogno di raccogliere più dati possibile, perciò è importante che, di qui alla prossima seduta, Lei non faccia nulla di diverso da quanto faceva prima dell'inizio della psicoterapia.

Eviti di cambiare e, anzi, più si sentirà dipendente meglio sarà per noi.

Perciò questa settimana raccolga in un diario tutte le sue ossessioni nel momento stesso in cui si manifestano: appena le sente arrivare le annoti minuziosamente, specificando data, ora, persone presenti, sintomi, emozioni e pensieri ..."

La compilazione di diari è una tecnica comune a differenti approcci terapeutici. Nel trattamento delle dipendenze affettive, questa prescrizione va al di là della raccolta puntuale e precisa degli episodi ansiosi o depressivi della persona, anche se questa è la motivazione con cui s'introduce il compito. In realtà, su un piano strategico, la richiesta di tenere un diario della dipendenza veicola più messaggi terapeutici:

1. *"andar piano"*: nello specificare che la persona non debba cambiare subito, il terapeuta allevia il senso di urgenza e l'impulsività che caratterizza il paziente dipendente;

2. *"i sintomi servono"*: con la richiesta di entrare in una sorta di fase diagnostica, il terapeuta suggerisce indirettamente un'idea nuova e preziosa sulla patologia ovvero che la comparsa di sintomi sia utile a risolvere il problema. Questa ridefinizione della sofferenza, aiuta la persona a inserire la sintomatologia e gli accadimenti negativi nella cornice per lei inedita del cambiamento possibile.

3. *"spostare l'attenzione"*: l'atto di compilare il diario nel momento esatto in cui il problema si manifesta comporta l'immediato vantaggio dello spostamento dell'attenzione dalla sintomatologia alla scrittura. In genere, dopo una o due settimane questo esercizio determina una "magica" diminuzione della sofferenza del paziente mentre, nello stesso tempo, incrementa la consapevolezza degli schemi che sostengono la sua dipendenza.

Nonostante la sua apparente semplicità, la tecnica del "diario" della dipendenza, risulta tanto efficace quanto flessibile, perché può essere adattata sulla base della struttura del problema portato. Per esempio, nel trattamento della gelosia patologica e delle relative condotte di sorveglianza e controllo si chiede al paziente di intitolare il diario "Taccuino del piccolo detective" e di annotare con precisione le sue "indagini" e il loro esito sul suo umore. Anche in questa formulazione, l'impatto psicologico del diario di bordo contiene un trucco terapeutico. Per prima cosa ridefinisce indirettamente le strategie di controllo ossessivo all'interno di un quadro "ludico" e, allo stesso tempo, insinua nel paziente il dubbio che le sue condotte siano infantili, puerili e dannose. Sentirsi ogni volta "il piccolo detective" crea in genere una forte reazione avversiva verso sia le ossessioni patologiche sia il sentimento di gelosia e favorisce in tempi rapidi il blocco della sintomatologia.

Le "lettere disperate"

"Procurati la più bella carta da lettere e buste postali del colore che preferisci, scegli tutto accuratamente.

Quando ti sentirai al culmine del dolore vai allo specchio e preparati per uscire: dovrai sembrare spenta, depressa, una donna distrutta dal dolore, perciò evita di indossare colori accesi e trucco curato.

Come l'attrice di un film d'amore, prenderai la carta, le buste e la tua penna preferita e andrai nel posto più scenografico della città, per esempio un caffè del centro o una piazza elegante.

Una volta arrivata, ti siederai e scriverai la lettera d'amore più intensa e più triste che potrai. Inizierà con "Caro X, mio amore disperato ..."

In genere i pazienti reagiscono con stupore a questa prescrizione. Il terapeuta chiede loro di esibire in pubblico la loro angoscia e di sceneggiarla mediante la scrittura di lettere. La logica sottesa a questo metodo è uno dei cardini delle psicoterapie strategiche a breve termine: la prescrizione del sintomo. In sostanza, si chiede indirettamente al paziente di appropriarsi del sintomo anziché subirlo, cosa che sortisce risultati sorprendenti. Se, infatti, la persona esegue la richiesta, le prime volte si sentirà effettivamente male, anche se non certo più di quanto le accada spontaneamente; ma nel corso della scrittura delle successive lettere disperate si verificherà una sorta di progressiva desensibilizzazione rispetto al problema e all'intera vicenda amorosa. I pensieri di abbandono e frustrazione, reiterati volontariamente grazie alla prescrizione, si svuotano pian piano di senso permettendo al paziente di prendere maggiore distanza. Inoltre, l'espediente dello scenario esterno in cui scrivere come se si fosse al centro di un set cinematografico spinge la persona a evitare di stare chiusa in casa nel proprio dolore e, allo stesso tempo, conferisce all'intensità dei sintomi un certo senso del ridicolo che cambia radicalmente la prospettiva della persona sulla riconquista impossibile dell'oggetto dell'ossessione amorosa. Con l'esecuzione del compito la persona impara a ribellarsi al dolore incombente, a passare dalla passività rispetto al problema a una posizione attiva e consapevole della necessità di liberarsene e di farlo il prima possibile.

Nel caso in cui il paziente nel corso della settimana successiva all'indicazione terapeutica rifiuti di scrivere le lettere, la prescrizione ha comunque successo, perché dimostra che ha controllo sul problema e che può evitare di soffrire, se lo vuole. Non solo il paziente non farà il compito ma, grazie al potere suggestivo della richiesta, eviterà di conseguenza le situazioni che alimentano il problema, come inviare sms, compiere inutili inseguimenti o chiedere compulsivamente l'aiuto di altri.

Il paradosso in cui il terapeuta inquadra la dipendenza affettiva mediante la prescrizione delle "lettere disperate" è tale per cui qualunque sia la risposta della persona al compito, la sintomatologia arretra, mentre avanza inesorabilmente la consapevolezza di trovarsi in una situazione relazionale assurda che può essere risolta solo attraverso un cambiamento radicale del modo in cui la si affronta.

Pur di evitare di scrivere le "lettere disperate" il paziente riscopre risorse inaspettate: esce di casa, va al cinema, in palestra, riprende a lavorare, accetta inviti che altrimenti avrebbe evitato. Tutti comportamenti che promuovono un cambiamento concreto e si accompagnano a una graduale riduzione dell'attenzione dalla storia di dipendenza e dalla relazione disfunzionale.

La metafora

Attraverso la metafora è possibile comunicare alla persona messaggi estremamente ricchi e complessi aggirando le sue resistenze. La metafora utilizza espressioni e immagini apparentemente lontane dal paziente ed è formulata in un linguaggio aperto a più significati e interpretazioni. I contenuti evocativi di aneddoti, fiabe e racconti, raggiungono più facilmente l'emisfero destro della persona (la sede delle emozioni e del pensiero creativo), ne stimolano la creatività e colpiscono le sue emozioni "paralizzando" l'emisfero sinistro, deputato al pensiero logico, che sovente impedisce di osservare il mondo, se stessi e gli altri da punti di vista differenti da quello abituale (Secci, 2005, pag. 74).

Nel trattamento delle dipendenze affettive il ricorso alla metafora risulta particolarmente necessario, perché per quanto la persona riconosca sul piano razionale l'inadeguatezza delle proprie reazioni e l'assurdità della relazione in cui si sente imprigionata, non riesce a sottrarsi dal problema. Infatti, la dinamica dipendente è sempre un fatto emotivo, che non trova ragioni logiche ma solo psico-logiche. Col racconto quasi apparentemente casuale, estemporaneo, di aneddoti metaforici, il terapeuta può colpire il nucleo affettivo che sostiene la dipendenza più che con qualunque razionalizzazione.

La peculiarità dell'uso delle metafore in psicoterapia è che richiedono creatività e, perché funzionino, devono essere costruite in modo personalizzato, in modo che risultino evocative e siano specifiche per la persona che le ascolta. Ecco alcuni esempi:

"Un giorno un ragazzino solo per strada fu attratto dalle luci sfavillanti di un Casinò.

Aveva soltanto tre monete in tasca e non avrebbe voluto sprecarle al gioco, ma le porte dell'edificio gli sembrarono talmente grandi e accoglienti che ci si infilò dentro, dicendosi che avrebbe solo fatto un giro.

Una volta dentro, più di tutto lo colpirono le slot-machine. Erano bellissime e la gente seduta alle macchine sembrava ipnotizzata.

"E se giocassi una sola moneta?", pensò il ragazzino. Un attimo dopo, le caselle del gioco vorticarono davanti ai suoi occhi ingenui. Nulla di fatto.

"Ormai ho perso una moneta, ma posso rifarmi. Non dovrei, ma posso rifarmi". Altro giro a vuoto.

"Ho già perso due monete, non dovrei... ma gioco l'ultima".

La slot-machine si illuminò e diffuse una musica trionfale, ma vomitò la miseria di cinque gettoni.

"Un colpo di fortuna!", esclamò il ragazzino.

E ricominciò a giocare ... e perse tutto".

Giorgio, imprigionato da tredici anni in un matrimonio infelice ascoltò questa metafora poco prima che terminasse la seduta. I primi mesi della sua storia con Alessandra erano stati belli, "anche se non bellissimi", come diceva lui. Ma subito dopo il matrimonio, deciso quasi unilateralmente, e dietro una costante pressione, da Alessandra e dalla sua famiglia, il rapporto si era deteriorato in fretta. Per quanto lui s'impegnasse a ravvivarlo, aveva a che fare con una donna depressa e dipendente dai propri genitori, che avevano l'ultima parola anche sul menage matrimoniale. L'intesa sessuale, inizialmente discreta, si era presto trasformata in un raro e mortificante rituale riproduttivo, perché Alessandra, per il resto annoiata e passiva, voleva un figlio a coronamento del matrimonio.

Più di qualunque spiegazione psicodinamica e razionale, il racconto aiutò Giorgio a comprendere come funzionasse la sua dipendenza: puntare sempre di più su un gioco frustrante e senza fine, cercare inutilmente di adattarsi a una scelta di coppia impulsiva, attuata per la paura di rimanere solo e con l'illusione di realizzarsi in fretta per sfuggire da una famiglia disgregata e dai dubbi sulla propria identità sessuale, che lo attanagliavano, seppure sapientemente rimossi, sin dalla prima adolescenza.

Nel caso di Monica, intrappolata in una relazione distruttiva da oltre tre anni con Guido e giunta in terapia allo stremo delle forze, dopo l'ennesima pseudo-separazione in una dipendenza affettiva di tipo palesemente distimico, l'uso della metafora ebbe un effetto dirompente. Come era successo molte altre volte, Guido aveva ridicolizzato Monica in pubblico e, nella stessa sera, una volta rimasti soli le aveva inflitto la solita crudele tortura del "io non posso amare una come te", rituale che prevedeva un lungo e umiliante elenco di mancanze e difetti, fisici e caratteriali, della ragazza. Lei ne uscì devastata. Seguirono due settimane infernali, in cui Monica eseguì, come da copione, la sua liturgia auto-punitiva: si privò del cibo, pianse ogni giorno, si sacrificò all'insonnia e agli attacchi di panico. Con l'inizio della terapia, però, cominciò a capire i corto-circuiti della relazione e a pensarsi libera da Guido, la cui figura cominciava a mutare da "principe azzurro" a sadico carceriere. La ripresa di Monica fu rapida: ricominciò ad alimentarsi regolarmente, a concentrarsi sul lavoro e a recuperare la vita privata che Guido le aveva sempre vietato di condurre. Poco prima che lui, come prevedibilmente avviene nello schema della dipendenza affettiva, si facesse nuovamente vivo, raccontai a Monica questa storiella:

"Una donna trovò un serpente nel suo giardino. Era piccolissimo, le sembrò fragile e solo e decise di prenderlo con sé. Lo curò, gli diede da mangiare e da bere e le parve che il serpente le fosse riconoscente. Diventò la sua compagnia e passarono gli anni, finché il serpente crebbe e non fu più possibile tenerlo in una teca, così la donna lasciò che girasse liberamente per casa. E quando l'animale si ammalò di nuovo, lo affidò a un veterinario che lo guarì.

Una mattina, la donna si svegliò e vide il serpente lungo disteso accanto a lei, con gli occhi fissi e il corpo rigido come un bastone. Superato lo spavento iniziale, si preoccupò, perché l'animale era immobile. E, poiché la creatura non dava segni di vita, la donna chiamò disperata il medico per un soccorso urgente. "Venga subito, ho trovato il serpente rigido sul mio letto! È morto!? Mi aiuti!"

Il veterinario rispose perentoriamente: "Arrivo, ma lei si allontani immediatamente, esca di casa. Il serpente le sta prendendo le misure."

Monica reagì con disgusto e dichiarò di non capire il perché della metafora, dato che Guido era sparito e che di certo questa era la volta decisiva, che lui di una come lei non sapeva davvero che farsene. Anche se aveva interrotto la storia, Monica si trovava ancora imbrigliata della scarsa stima di sé cui si era abituata in anni di mal d'amore. Tuttavia, quando lui, come previsto e come aveva sempre fatto, le telefonò di nuovo, Monica per la prima volta lasciò il cellulare sul comodino. E si sentì finalmente libera.

Il peggio possibile

"Che cosa dovresti fare se volessi peggiorare deliberatamente questa situazione difficile? Pensaci ogni giorno ed elenca le cose che ti vengono in mente, ma, mi raccomando, evita di metterle in pratica".

Questa domanda, chiamata *worst fantasy* (peggiore fantasia) e utilizzata in psicoterapia strategica in una vasta casistica (ansia, panico, depressione e disturbi alimentari) (Nardone,1993, 1999), è una tecnica efficace anche nel trattamento delle dipendenze affettive. Spingere la persona a riflettere su come potrebbe peggiorare la situazione le permette di scoprire giorno dopo giorno che i comportamenti, le emozioni e i pensieri che causerebbero un aggravamento della sofferenza sono proprio quelle che ha sempre attuato spontaneamente e che, almeno in una fase iniziale, servivano illusoriamente a risolvere il problema. Così, la ricerca delle risposte sul peggioramento deliberato raggiunge il duplice obiettivo di aumentare la consapevolezza del paziente circa la propria responsabilità nel mantenere la relazione disfunzionale e di limitare o annullare la frequenza delle condotte individuate come fattori critici.

Per esempio, nel pensare alla domanda, Lucia ammise finalmente che i lunghi e frustrati scambi di sms notturni col suo gelido interlocutore non facevano che aumentare la frustrazione e la sofferenza, perché la costringevano a estenuanti attese tra un sms e l'altro per poi leggere enigmatici "Buona notte" o "Bene, grazie". Così smise di scrivere per un'intera settimana e sperimentò un notevole miglioramento dell'umore.

Può accadere che alcune risposte alla domanda "il peggio possibile" invece siano: "Le cose peggioreranno se lui/lei mi dirà che non vuole più vedermi" o "Le cose peggioreranno se lui/lei si mettesse con un'altra/o". Anche in questo caso la prescrizione risulta utile perché permette di affrontare un discorso fondamentale in molte dipendenze affettive, la paura del rifiuto e la tendenza a rappresentarsi all'interno una accettazione possibile che, in fondo, è illusoria. Elaborare la paura del rifiuto e accettare che è molto più doloroso trascinarsi in una storia unilaterale che affrontare la sofferenza per le aspettative deluse possono dunque diventare obiettivi terapeutici chiari ed espliciti e orientare in modo nuovo e più funzionale le percezioni e i comportamenti dell'individuo.

Le pagelle degli uomini

"Di qui al prossimo incontro prepari un elenco di qualità fisiche e caratteriali, per esempio viso, corpo, simpatia, disponibilità alle relazioni, eccetera e compili, sulla base delle voci che ha individuato, una pagella per ogni uomo che incontra.

Attribuisca voti da 0 a 10, come si fa a scuola.

Dovrà valutare almeno 4 persone, mi raccomando, sia oggettiva!"

Questa prescrizione ha lo scopo di ri-orientare l'attenzione della persona sul mondo esterno e di aiutarla a riconoscere gli schemi di isolamento e rifiuto nei quali è bloccata in seguito alla costante focalizzazione sul rapporto disfunzionale. L'esempio proposto è una prescrizione a una paziente eterosessuale, ma la formulazione può essere adattata, se necessario, per pazienti maschi.

In genere il compito viene accettato con stupore e può sortire diversi effetti, tutti comunque utili all'avanzamento del processo di cambiamento. Alcune persone adempiono alla richiesta del terapeuta e con precisione chirurgica analizzano i soggetti prescelti esaltandone i difetti. Insomma, "bocciano tutti". Questo apre un discorso sull'idealizzazione del partner oggetto di dipendenza e sulla rigidità percettiva con cui la persona si approccia al mondo esterno e insidia il benefico dubbio che al di là della cortina oscura dietro la quale il paziente vede il mondo a causa della propria dipendenza, possano esserci alternative amorose. In altri casi, la persona torna in terapia con "pagelle" buone: grazie al compito, intravede soggetti interessanti, relazioni possibili, e inizia a percepire l'idea che un piano di fuga non sia poi così arduo da intraprendere.

Quale che sia il contenuto delle pagelle, la strategia che sottende a un compito così apparentemente strano è quella di porre la persona nel ruolo attivo di "giudice", di aiutarla a recuperare una posizione di primo piano e una visione consapevole del modo con cui si approccia alle relazioni.

Quando la dipendenza affettiva si sviluppa in una coppia rigidamente asimmetrica, in cui uno dei partner esercita dominio e controllo, la richiesta di "dare i voti" può concentrasi sul comportamento del compagno dominante. Anche così, la tecnica delle "pagelle" modifica indirettamente la percezione di passività e di inesorabilità che caratterizzano il suo stile di relazione, restituisce un'idea di "potere" sul rapporto, mentre evidenzia l'abisso tra ciò che si vorrebbe dall'altro e ciò che l'altro fa, tra ciò che ci si aspetta che sia e ciò che invece, voti alla mano, l'altro è.

La predizione del "ritorno amoroso"

"Appena proverai a distaccarti, lui ti lascerà fare, anzi sembrerà disinteressarsi completamente della tua distanza. Sa di avere in mano il guinzaglio.

Poi, quando starai meglio, come sta cominciando ad accadere sempre più spesso, e farai a meno delle dosi di rabbia che ti somministrava, lui tornerà.

Vedrai. Si farà risentire, cercherà di riprenderti nel gioco, magari con un messaggio di insulti, magari con un mazzo di rose. Magari implorandoti a suo modo.

Lo farà. E tu allora come ti comporterai?"

La predizione del ritorno "amoroso" ha lo scopo di sostenere e rinforzare i cambiamenti ottenuti in terapia in quei casi in cui la relazione dipendente non si può ricomporre, perché rigidamente legata a uno schema di sopraffazione vittima-carnefice. Mentre i sintomi e il disorientamento del/della paziente si riducono, diminuiscono proporzionalmente anche i contatti col partner. Ciò accade perché, indirettamente, le conversazioni terapeutiche mostrano quanto siano "intossicanti" le interazioni con l'oggetto d'amore, così uguali a se stesse in un'ossessiva ripetizione di scambi che culminano nell'abbandono. Posta di fronte all'evidenza della dinamica patologica, la persona si attiva autonomamente per ridurre o azzerare la propria partecipazione al rapporto, ma lo fa con sofferenza e con un senso di sconfitta.

Per questo, quando il terapeuta presagisce il "ritorno amoroso" agisce su due piani: da una parte conforta indirettamente la "parte" interiore del paziente che ancora dipende affettivamente; da un'altra prospetta alla "parte" forte ed emergente nella persona in terapia, che il partner è un agente attivo nella catastrofe relazionale e che ha a propria volta patologicamente bisogno di qualcuno che dipende da lui. I due fronti su cui agisce il messaggio permettono al paziente di avanzare nella psicoterapia con l'utile dubbio che la relazione "non sia ancora finita", mentre si fa strada l'idea che, se anche ci fosse un ritorno, sarebbe la riprova della dipendenza patologica da cui intende liberarsi. Quando il partner effettivamente ritorna, grazie alla predizione trova un soggetto allertato, meno dipendente e capace di sottrarsi alle trappole della relazione. Se, invece il "ritorno" prospettato non si verifica, la predizione ha permesso di prendere il tempo necessario per aiutare il/la paziente a svincolarsi dalla dipendenza e, quindi, a patire di meno la perdita definitiva dell'altro.

Il film hollywoodiano

Uno degli elementi ricorrenti della dipendenza affettiva è certamente l'idealizzazione dell'altro e della vicenda amorosa.

Al culmine del problema, la persona non può fare a meno di pensare al partner e di rimuginare continuamente sulla storia, come se si trattasse di un Eden perduto. Senza contrastare mai apertamente questo vissuto, cosa che farebbe sentire il paziente incompreso e lederebbe l'alleanza terapeutica, lo psicologo può ricorrere a una prescrizione paradossale:

"Le chiedo di trovare ogni giorno 21 minuti di tempo. È importante che faccia spazio ai suoi pensieri con l'esercizio che le sto per assegnare.

Ogni giorno, per 21 minuti di tempo esatti, dovrà sedere su una sedia comoda in una stanza silenziosa dove nessuno possa interromperla e pensare nel modo più intenso possibile alla bellezza del suo Paradiso perduto

Cerchi le immagini più belle della storia e le migliori: faccia i colori più vividi che può, inserisca una colonna sonora e tutti gli elementi necessari per trasformare tutto come fosse un grandioso film hollywoodiano.

Alla fine del tempo prescritto, chiuderà gli occhi e immaginerà davanti a sé uno schermo completamente buio, come succede al cinema al termine di una magnifica proiezione".

La tecnica del film hollywoodiano costituisce una sorta di "prescrizione del sintomo", ovvero si chiede al paziente di attuare in forma amplificata e per un tempo limitato, ciò che in genere fa spontaneamente e di continuo. Inoltre, la richiesta di arricchire di particolari fantastici e grandiosi l'immaginario, per altro già idealizzato, rinforza l'effetto dell'esercizio. Molto di frequente, durante la seduta successiva la persona riporta un miglioramento della sintomatologia, a volte netto, perché i 21 minuti di riflessione ripetuti ogni giorno finiscono per diventare insopportabili al punto da ridursi significativamente nel resto della giornata. Dovendo in qualche modo "creare" il sintomo, la persona sperimenta un'inedita percezione di controllo sul problema, spesso accompagnata dalla consapevolezza emergente che, senza tutti i ritocchi e gli effetti speciali aggiunti, la vicenda amorosa è tutt'altro che un romanzo romantico.

Naturalmente, è possibile adattare il compito a seconda del singolo caso e, nel corso della terapia, variarne la durata in base alla risposta del paziente.

Ruggero, un uomo di 35 anni ossessionato dalla relazione con Giulia, ricevette la prescrizione con sgomento. "Ma così starò peggio che mai!", commentò. Da mesi viveva chiuso in un lutto atroce e ricordava i momenti di complicità con la sua ex, rare parentesi in un gioco al massacro, come gli unici rappresentativi della storia. La cosa gli toglieva il sonno e lo distoglieva dal lavoro e dalla vita sociale. Ancora viveva come un "tradimento" uscire con donne diverse da Giulia. Alla seduta successiva disse di non aver potuto svolgere la prescrizione del film hollywoodiano, perché la sola idea di chiudersi in una stanza ed eseguirlo lo aveva spaventato. In compenso, riportò che i pensieri si erano ridotti e di essere stato meglio. Questo spiega come il compito funzioni anche quando non viene eseguito, perché incoraggia la persona ad acquisire controllo e consapevolezza sui pensieri che alimentano la dipendenza, a gestirli senza più subirli.

Testimonianze

Sono migliaia le testimonianze e i commenti e arrivati in pochi anni sulla bacheca del blog o al mio indirizzo email. Molte persone hanno sentito l'esigenza di raccontare su Blog Therapy storie laceranti di mal d'amore e di sopraffazione, di porre interrogativi sulla "natura" del narcisista perverso ed è accaduto spesso che gli utenti della sezione commenti si siano "parlati" tra loro, scambiati consigli e incoraggiati a vicenda a superare un momento così cupo della loro esistenza. Nel blog si è spontaneamente creato un piccolo "gruppo di auto-aiuto virtuale" che, per lo più indirettamente, ha influito sui contenuti pubblicati negli ultimi anni.

Più volte mi sono sentito sopraffatto dal volume di richieste d'aiuto giunte dal web e ho fatto in modo che i post sopperissero alla mia oggettiva impossibilità di rispondere a tutti. In parte, anche questo libro nasce dall'esigenza di rispondere a tanti messaggi ricevuti da donne e da uomini che si sono riconosciuti, soprattutto come "vittime", nella dipendenza affettiva con un/una narcisista patologica, o comunque nel quadro fosco delle "relazioni impossibili" descritte nel blog.

Ho deciso di pubblicare alcune testimonianze postate sul blog all'indirizzo www.enricomariasecci.blog.tiscali.it per dare "voce" a chi mi ha scritto, nella convinzione che i passaggi scelti presentati in questo capitolo contribuiscano nel libro, come già succede su Internet, a rendere più profonda, condivisa e umana la comprensione, l'accettazione e la soluzione delle relazioni di non-amore.

Kiaretta

Ho proprio bisogno di parlare a qualcuno che possa capirmi. Comincio col dire che da tre anni ho una relazione con un narcisista perverso, ne sono sicura, ma io sono la sua amante e, oltre a soffrire per il suo modo di essere, ovviamente soffro pure per il suo essere "impegnato", ma questo è un altro discorso. Non sto qui a raccontare nei minimi dettagli tutto, anche perché leggendo le altre storie ho avuto modo di vedere che il copione è sempre lo stesso. Sono cosciente di quello che lui è, ma anche di quello che sono io se ho messo su una relazione di questo tipo. Ho letto di tutto e di più e questo dovrebbe aiutarmi.

Ma a volte sapete in cosa m'impantano? Nel pensiero che forse lui è così solo con me, mentre con la moglie è tutt'altra persona, che solo con me fugge e ritorna, che ama punire solo me (perche quando litighiamo poi mi "punisce" sparendo, non risponde ai miei messaggi disperati in cui lo supplico di sentirci, etc.), che è ambiguo solo con me per infondermi dubbi, e tutto quello che viene descritto. Possibile che io sia così sciocca da immaginare sua moglie che la sera si addormenta col sorriso sulle labbra? da immaginarla fiera e felice di avere accanto quest'uomo? Premetto che l'ha sempre tradita, anche quando l'ha sposata lui aveva una relazione da due anni che è continuata anche dopo il matrimonio ... dice che l'ha sposata perché lei è tranquilla, non gli dà troppe rogne ... mentre io che chiedo spiegazioni su qualsiasi cosa mi vive come una rompi c***ni!!

Quando noi ci vediamo e stiamo insieme un'intera giornata lui riesce a trovare una scusa e lei non gli chiede ulteriori spiegazioni. Io cmq ho deciso di chiudere e mi farò aiutare da un professionista anche se ancora non riesco a pensare all'allontanamento solo come una salvezza. (...)

Matteo

(...) Ieri sera mi ha svegliato in piena notte e mi ha detto ... non lasciarmi da sola ti prego ... e poi ha aggiunto perché tu sei un deficiente e hai un problema grosso ... io ce l'ho un problema e domani cerco qualcuno che mi aiuti, ma tu ce l'hai più grosso di me ... ho pensato ... voglio tornare a ridere, a sentire il sole dentro, che poi è quello che regalo sempre a tutti un bel sorriso ... Però devo dire che sono cresciuto tanto mi sento proprio cambiato ... spero di venirne fuori il più in fretta possibile ... al 100%.. grazie di avere fatto questo sito ...

Alessandra

Grazie Dottore per tutti i suoi articoli sulla dipendenza affettiva e la descrizione di quello che nella realtà succede. Sono stata anche io vittima di un narcisista, un parassita che ha creato il vuoto intono a me. Mi ha usata sul piano personale e professionale. Facevo di tutto per lui, per rendergli la vita più semplice. Lui alternava momenti di dolcezza, in cui mi riempiva di complimenti, a momenti in cui mi diceva che non ero niente, che ero una malata, una pazza perché iniziavo a reagire alle sue manipolazioni. Mi sono umiliata davanti ad altre persone, risultando veramente una malata, lui era sempre il perfetto davanti a tutti, ero io che lo attaccavo. Vedevo le sue manipolazioni e i suoi tentativi di sedurre altre donne e non potevo dire nulla, perché mi diceva "sei paranoica!!!". Ho dovuto lasciare il mio lavoro, che amavo. Mi sono isolata totalmente dalla mia famiglia e da tutti i miei affetti. Mi ha detto che lasciando lui sarei rimasta sola, che senza lui ero sola totalmente, o quando tentavo di allontanarmi mi diceva che aveva bisogno di me. E io mi facevo convincere sempre. Mi ha distrutta come donna e come professionista. Sento che non ne sono uscita ancora. A momenti vorrei chiamarlo, mandargli un sms, sento la paura che mi abbia dimenticata. Poi ricordo tutto quello che mi ha fatto, il dolore che mi ha procurato e mi dico che merito di più ... Posso dire che in una situazione del genere, come la mia, c'è bisogno di un grosso aiuto. Sono in psicoterapia da un anno e mezzo e solo dopo un anno sono riuscita ad allontanarmi da lui. So che la strada è ancora lunga. Per adesso vivo il momento dell'elaborazione. Spero di dirmi un giorno "Ora sono finalmente serena".

Abracadabra

(...) Questa mia relazione è durata 2 anni ed è stata devastante ma è inutile dirlo ... lo è per tutti. Quello che vorrei dirvi di importante è che anche io come voi leggevo su internet ... avrò letto tutti i blog e tutti gli articoli sul borderline, perfino tesi di laurea.. sapevo tutto su questo disturbo ... ma non avevo capito niente ... o non riuscivo o non volevo capire niente. Un giorno dopo l'ennesimo litigio ... Mi si è aperto un mondo e l'ho visto realmente per quello che è ... queste persone non sono malvagie ed orribili come ci sembrano ... sono persone che hanno dei disturbi importanti e che non gli fanno vivere felicemente e si rovinano la vita e la rovinano a chi gli sta vicino ... non lo fanno perche noi non siamo abbastanza per loro .... lo farebbero con chiunque .... anzi più siamo importanti per loro e peggio è .... più non riescono ad entrare in relazione con noi ... io ho sofferto tantissimo ... ma non gliene faccio una colpa ... e non colpevolizzo neanche me perche credo sia una cosa che può succedere a tutti ... semplicemente ho capito e sperimentato personalmente che avere una relazione con lui è impossibile perche lui non ce la fa ... non riesce ad instaurare un rapporto intimo con me e con nessuna donna che gli piace veramente ... peccato a me lui piace ... ma io non ci posso proprio fare niente ... Sembra strano ... a noi ... a me sembrava una cosa assurda ... perché io non sono così ... ma bisogna entrare nella testa di queste persone e capirete che loro sono così! credo che questa sia la conclusione a cui bisogna giungere e capire poi e affrontare il problema che ci ha spinte in questa dipendenza. Mi ci sono voluti 8 mesi di psicoterapia ma ne è valsa la pena ... ora sto benissimo ... e riesco a godermi la vita!

Dalia

(...) Penso di essere una delle poche che ha convissuto con un narcisista perverso per dieci anni. Mio collega di lavoro ... da tre mesi l'ho lasciato e ora vivo per conto mio con i miei bambini (uno di tre suo) ... Penso di aver passato tutte le fasi del narcisista perverso doc in questi anni ... sino all'anno scorso facevo un bilancio delle cose belle che avevo fatto con lui, dei bei momenti e di quelle brutte (anaffettivo, cattivo con me e con mio figlio, umore a sedute stagne? in completa contrapposizione da un'ora all'altra, ex con cui stava in continuo contatto nonché nuove donne ... ricatto economico ... isolamento sociale ... ecc.).

Continuo a lavorarci insieme ma ho limitato le comunicazioni con lui alla sola gestione del bimbo, mi ha offeso pubblicamente su fb e mi ha denigrato con tutti ... ma vado avanti ... a testa alta e cerco di non voltarmi mai indietro ... potrebbe esser pericoloso ... non so se ne sono fuori ancora. (...)

Ale

(...) Ho vissuto una relazione di questo tipo che mi ha distrutto poco a poco fino a dover andare da uno psichiatra e poi in analisi. Quando è arrivato il primo abbandono ero ancora abbastanza forte per poter reagire. Credevo di essere stata lasciata per sempre e mi sono ripresa abbastanza bene ma poi lui è tornato ed è ricominciata sin quando, avendo trovato un'altra mi ha lasciato un'altra volta. Ogni volta mi indebolivo sempre più.

All'inizio avevo un certo grado di autostima, almeno pensavo di averne ma poi abbandono dopo abbandono sono diventata completamente dipendente da ogni suo umore terrorizzata come ero di riprovare quell'orribile sensazione. Cambiava da un momento all'altro, forse non accettava certe cose di me come la mia libertà di essere. Per 5 volte mi ha lasciato prima delle vacanze quando lo informavo che avrei fatto un viaggio non volendo lui stare con me per via della sua famiglia (separato con figli). Non ho mai provato la sofferenza lancinante che ho provato con lui. I miei sensi di inadeguatezza si sono amplificati raggiungendo livelli mai provati e mi sono macerata nel senso di colpa. Infatti mi mollava in modo che non potessi mai capire cosa avessi sbagliato. (...)

Gabriella

(...) Nonostante già avessi più volte testato la cattiveria del mio narcisista, pensavo: ecco questa è la volta buona! invece dopo 3 settimane di convivenza senza un motivo e come un demonio è arrivato a casa ha svuotato gli armadi ed è andato via senza alcuna spiegazione ... è stato il dolore più grande che avessi mai provato fino a quel momento, ma purtroppo ne sarebbero seguiti tanti e tanti ancora sempre peggiori, sempre più devastanti ... sono arrivata per 2 volte sull'orlo del suicidio e neanche il pensiero di mia figlia poteva aiutarmi ad andare oltre ... ogni volta che facevo qualcosa per provare ad allontanarmi tornava con spada sguainata e cavallo bianco professando amore eterno e totale devozione, ha minato tutte le mie certezze, io madre single con lavoro che mi fa guadagnare più di lui, indipendente sotto tutti i punti di vista, ho lasciato che questa pecora mascherata da uomo mi umiliasse come mai nessuno avrebbe osato, mi disprezzasse, mi ha sminuita e offesa nell'anima e nel corpo, mi sento usata come un contenitore, come un mero oggetto sessuale ... l'unica cosa che sapevo di non poter sopportare è il tradimento e ho cercato con tutta me stessa le prove fino a trovarle, sentirsi dire dall'altra benché fosse solo una cosa occasionale la data e le modalità dell'incontro è stata la cosa più umiliante, il niente, il vuoto più immenso dentro me, ma anche lo scatto per chiudere, chiudere con un essere diabolico che succhia il mio amore e la mia luce perché non è in grado di dare amore e di brillare di luce propria ... è solo una settimana, lo disprezzo con tutta me stessa e mi rendo conto di amare l'immagine che lui ha voluto mostrarmi, in realtà non esiste niente di quell'uomo straordinario e speciale che mi fa sciogliere con uno sguardo è solo menzogna e inganno con l'unico scopo di continuare a perpetrare la sua violenza ... credo che tornerà alla carica con armi più potenti, ma sarò forte devo liberarmi ... devo ricominciare a vivere ...

Silvana

(...) Dopo nemmeno 2 mesi sono caduta a faccia a terra da un piano altissimo. Pian piano sono ricominciati i suoi vizi, il suo egoismo, la sua indifferenza e la sua sottile ma tagliente ironia. Sono ricominciate le critiche, la mancanza di partecipazione alla gestione della casa ecc.

Adesso sono al punto di partenza e sono terribilmente giù. Ha gli occhi spenti, lo sguardo infuriato.

Se lui esce con gli amici e gli chiedo di rientrare presto, fa tardi, tardissimo. Il giorno dopo, davanti alla mia delusione, si scusa e promette di non farlo più. Puntualmente lo rifà. Se esco io e non rientro all'ora che vuole lui, allora è guerra aperta. Dispetti, insulti, abbandono totale di ogni responsabilità, anche quelle che riguardano i figli.

Mi punisce, in pratica.

Vorrei rimettere in atto il no contact, ma a cosa servirebbe?

Vorrei lasciarlo, ma mi manca il coraggio ... ho paura di essere io sbagliata e di essere io quella che non merita amore ... quindi mi chiudo in me stessa, piango e spero ... che prima o poi riesca ad aprire il suo cuore

... perché non posso credere che sia tanto arido e vuoto. (...) Penso al mio futuro e vedo solitudine con lui, mi sento come una vedova bianca. (...)

Stefano

(...) Sapeva quando richiamarmi o aspettava che io in preda alla disperazione la andassi a cercare. Temeva fortemente di essere lasciata e quando vedeva che arrancavo si terrorizzava. Usava il sesso come tornaconto per premiarmi o punirmi, non tollerava le mie esigenze di coppia, i miei sentimenti, nulla.

Mi correggeva sul tono di voce su cosa dicessi. frase tipica. non dovevi dire così ma così. mi hai delusa. sapevo ci fosse qualcosa che non andava ma non riuscivo a distaccarmi. alla fine mi ridusse come uno zombie. io iniziai a somatizzare. stress insonnia acuta eritema. depressione. incubi. difficoltà sul lavoro. ansia perenne. gelosia sfrenata. dipendenza emotiva alle stelle ... lei però iniziava a temere la stessi per lasciare. il mio istinto di autoconservazione iniziava ad emergere ed un giorno senza alcun preavviso che voleva chiedere l'ennesima pausa da me non concessa mi disse: "ti lascio, non ti amo più." (...)

Claudia

(...) Proiettava su di me tutti i suoi tradimenti, mi controllava costantemente. Non potevo avere un amico maschio che per lui era una tragedia eppure non riusciva a farne a meno di flirtare con tutte, anche con delle ragazzine dell'età di sua figlia. Si portava al letto tutte le donne che potevano essergli utili nella vita lavorativa, in Italia e all'estero, da musiciste a prostitute, da ragazzine a transessuali. Ho trascurato il mio lavoro, le mie figlie, la mia casa e un compagno di vita dolcissimo per lui. Mi ha ripagata con umiliazioni costanti e ulteriori vergognose menzogne per coprire la sua passione per i trans. Sono 7 mesi che gli ho detto addio fregandomi delle sue crisi depressive e ipotetiche malattie. Ringrazio a un potere superiore ogni giorno per aver avuto la forza di lasciarlo senza essermi beccata una malattia grave, per aver protetto le mie figlie e per aver accanto un uomo meraviglioso che è tutto tranne un "quaquaraqua". Questa storia orribile mi è servita a capire e apprezzare il valore di un abbraccio disinteressato, della dedizione e della lealtà quotidiana di un unico uomo. Amo mio marito più che mai, grazie al MOSTRO CHE MI HA INSEGNATO COSA NON E' UN UOMO.

Annamaria

(...) Il mio narciso all'inizio era di un entusiasmo travolgente, trascinante anche se non è per questo che mi ero innamorata di lui. Comunque ben presto divenne cupo distante un fantasma! Sempre più freddo e scostante, fino al rifiuto, come dici tu. Procrastinava sempre più nel tempo i nostri incontri, e continuava a sostenere che avessimo una "relazione"!

Adesso che non sono più innamorata e la sua freddezza non mi ferisce più, penso che una persona così deve avere parecchi problemi. Nella testa e nella vita. E' stata una fortuna che abbiano solo sfiorato la nostra vita! Mi sento molto fortunata! Sono felice ora, se stessi con lui non credo!

Lili

Grazie a tutte voi e alle vostre riflessioni e sofferte parole. Mi ci ritrovo anch'io in questa trappola psicologica e leggendovi cerco di comprendere ma soprattutto non mi sento sola. La sofferenza, l'illusione, la mancanza di autostima, il bisogno di amare e di essere amata, la solitudine, la fragilità psicologica mi hanno portato a vivere una relazione malata, distruttiva e dipendente.

145

Voglio uscire da questa prigionia psicologica ed è difficilissimo perché mi sono sentita svuotata senza energia vitale,smarrita e confusa,colma di ansie e sensi di colpa, impaurita, triste e in balia di emozioni, di sogni ad occhi aperti e disperazione. Ho detto BASTA, ma l'ho detto a me stessa, sto seguendo una terapia perché voglio ritornare a sentirmi una DONNA libera e serena e non permetterò più a nessuno di calpestarmi e distruggermi psicologicamente.

Cappuccetto Rosso in psicoterapia

Quella di Cappuccetto Rosso è, ancora oggi, una delle fiabe più raccontate e può vantare centinaia di riformulazioni, tra libri illustrati, cartoni animati, audiolibri e adattamenti cinematografici. La fiaba originale, probabilmente francese, risale almeno XIV secolo e ha continuato ad arricchirsi di sfumature e di nuovi elementi anche dopo la sua prima edizione a stampa del 1697, opera del narratore parigino Charles Perrault.

Pochi sanno che nella favola di Perrault, il finale è tragico: il lupo divora prima la nonna e poi sbrana la bambina candidamente distesa nuda al suo fianco. Infatti, la versione più famosa di Cappuccetto Rosso è quella dei fratelli Grimm, del 1857, che riscrivono il finale della storia: un valoroso taglialegna, in extremis, squarcia la pancia del lupo e salva la bambina e la nonna dalla straziante morte narrata nei secoli precedenti.

Cappuccetto Rosso in psicoterapia

La scoperta del fascino e lo studio dei significati più profondi della fiaba si devono alla psicanalisi e alla psicoterapia. Eminenti analisti e terapeuti si sono occupati del lampante valore metaforico della storia di Cappuccetto Rosso spinti dalla necessità di svelare il sistema di simboli e di dinamiche relazionali tramandati dalla fiaba con un potere evocativo e suggestivo rimasto pressoché immutato sino ai giorni nostri.

Tra tutti, lo psicoanalista Bruno Bettelheim, l'autore de "Il mondo incantato" (1976), ha compiuto uno studio appassionato su Cappuccetto Rosso nell'ottica minuziosa della psicologia del profondo e ha proposto un'accurata decodifica dei suoi significati nascosti.

Ne è emersa la narrazione di un'adolescente che, mossa dai bisogni emergenti propri della pubertà, si consegna, seppure inconsciamente, alla belva dal fare gentile che la divorerà.

Per Bettelheim, il lupo della favola non è solo il "maschio seduttore": è anche l'emblema "di tutte le rappresentazioni sensuali e asociali presenti in noi" e, in quanto tale, costituisce una presenza irresistibile per la sua vittima.

Eric Berne (1972) ha dissacrato l'immagine del Cappuccetto Rosso vittima del lupo cattivo, sino ad affermare che, tutto considerato, il lupo sarebbe anch'esso vittima di un pericoloso gioco di relazione innescato dall'ambiguità di una ragazzina.

Per il fondatore dell'analisi transazionale, Cappuccetto Rosso sarebbe solo in parte innocente, mentre il paniere di squilibri familiari ed emotivi profondi con cui s'inoltra nel bosco disobbedendo alla madre ne fa una sorta di complice del predatore. Infatti, parliamo di una ragazzina che si addentra deliberatamente in un bosco e s'intrattiene con un lupo, naturalmente e in maniera addirittura accondiscendente, seduttiva, sino al punto da indicargli con precisione topografica il luogo dell'agguato.

Per dirla con le parole di Berne: se davvero Cappuccetto Rosso fosse, come sembrerebbe, un pericolo per se stessa e per gli altri "... Il lupo non dovrebbe mai andare in giro da solo per i boschi!".

Tre domande sulla malattia dell'amore

Attraverso le loro voci, Bettelheim e Berne hanno delimitato due polarità nell'interpretazione di Cappuccetto Rosso. La bambina "vittima" delle proprie dinamiche interiori più che del lupo raccontata dal primo, e la bambina "complice" di un gioco autodistruttivo svelata dal secondo sono, forse, gli estremi di un continuum teorico in cui molti altri psicologi si sono cimentati, motivati dall'esigenza di rispondere a quesiti impossibili: qual è la natura psicologica della relazione mortale tra il lupo e la bambina? Chi seduce e chi é sedotto? Chi, per davvero, è vittima e chi carnefice?

Queste stesse domande si presentano in ogni amore dipendente, in ogni amore che trasmuta nella disperante, e a volte fatale, successione di violenze morali e fisiche, di riconciliazioni, di conflitti e di minacce, di perdizione e di depressione che noi clinici chiamiamo dipendenza affettiva.

Ci sono donne che, come nella fiaba di Cappuccetto Rosso, si accompagnano con un lupo mannaro dal fare a tratti gentile e a tratti ferino.

Ci sono donne che, andando appresso al lupo, a volte svagate, a volte ostinate, smarriscono il rispetto per se stesse, donne che per il lupo arrivano al sacrificio di tutto.

Generalizzare è impossibile, perché la malattia dell'amore sa penetrare così a fondo la soggettività di una persona sino a sostituirla, sino a prendere il possesso della sua vita. E, siccome ogni persona è unica, sembra unico e irripetibile il suo annullarsi col lupo in quello che chiameranno amore.

Eppure, al di là delle storie individuali, tutti gli amori "malati" sono accomunati da una certa trama ... quella di Cappuccetto Rosso.

Dentro la metafora

La favola di Cappuccetto Rosso continua ad affascinare bambini e adulti e a imporsi nello studio delle dipendenze affettive, perché è una metafora che condensa i tratti universali dell'esperienza dell'amore patologico: la bambina, il lupo e il bosco.

Nel mio lavoro di psicoterapeuta, questi elementi rappresentano rispettivamente la dipendente affettiva, il suo partner narcisista e la loro relazione.

Una relazione da sempre e da subito buia e vuota, tanto inquietante e pregna di angoscia quanto intrisa di fascino e di seduzione, perché riempita delle aspettative fiabesche dei suoi protagonisti.

Nella favola, come nella realtà, i personaggi del dramma interagiscono da soli in un bosco fitto, dove intrecciano dialoghi paradossali, al limite dell'onirico. La bambina s'intrattiene con la belva anziché chiedere aiuto o fuggire, l'animale non azzanna come dovrebbe ma tergiversa, osserva chiede, quasi fosse più interessato alla seduzione che conduce alla cattura che alla cattura stessa.

La fiaba sembra svelare un aspetto inquietante della realtà: le vittime più appetitose sono quelle rese accondiscendenti, quelle che apprezzano il loro cannibale.

L'elemento più importante della storia è, però, il bosco. Il bosco è il solo luogo in cui i due si incontrano davvero in tutte le versioni della fiaba, è il solo momento di relazione che precede l'abuso e il massacro. Anche nella metafora, il tramite perverso tra la bambina e il lupo è l'ambiente psicologico, la relazionale distruttiva rappresentata nel racconto dal bosco tetro e solitario. La comunicazione ambigua tra il lupo e la bambina è il luogo in cui si realizzano i presupposti del tragico finale.

Come psicoterapeuta, la dipendenza affettiva e la "malattia dell'amore" mi hanno raggiunto attraverso le storie dei pazienti, storie trasfigurate nelle più varie richieste d'aiuto. Ansia, attacchi di panico, disturbi somatoformi (cefalea, amenorrea, disfunzioni gastrointestinali, ecc.), paranoie, ipocondria, depressione, ossessioni, sono il grido acuto di eserciti di Cappuccetto Rosso in psicoterapia.

Nel mal d'amore, i sintomi sono i bavagli di persone che urlano perse nel bosco. Sono ciò che impedisce loro di vedere se stesse come vittime consenzienti, di riconoscere il carnefice e di sottrarsi alla relazione malata. Non è mai agevole aiutare chi vive il dramma della violenza morale a prendersela col bosco (la relazione) e meno che mai a comprendere che il dolore che lo avvinghia con ostinazione vegetale viene dal compagno lupo o, per meglio dire, dall'incrollabile e cupa interazione cui si costringono entrambi.

Perché, alla fine, mannaro non è il lupo, mannara è la relazione.

Il progetto fotografico di Paola Serino

La bambina, il lupo e il bosco sono, anche nel progetto fotografico di Paola Serino, gli elementi-chiave della malattia dell'amore. Ogni scatto ritrae la ragazza e il lupo in un'atmosfera boschiva siderale, ibernati in questa relazione viscosa, in questa relazione che li accomuna e che incombe sulla bellezza e sulla pazzia delle loro distanze inconciliabili, composti uno accanto all'altra in una separazione impossibile.

Paola Serino non osserva, mostra. Non fotografa, racconta. Racconta di ragazze e di lupi.

Ma, soprattutto, narra di boschi resinosi e di labirinti emotivi che si chiudono su chi vi si inoltra.

Proprio come nella fiaba, in questa collezione artistica Cappuccetto Rosso e il Lupo vengono praticamente sorpresi in flagranza di reato, mentre consumano la propria vita in una reciproca dipendenza affettiva potenzialmente mortale.

Si presentano complici nell'assurdità del loro legame, tutti assorti e soli nella propria immagine. Narcisisticamente specchiati l'uno nell'altro, si mostrano per quello che sono.

Sono, senza saperlo, esseri soverchiati dallo sfondo magmatico del bosco che li inghiotte, sono esseri impagliati ancora vivi in un amore autodistruttivo, creature che si prestano all'obiettivo intente in una posa decente per mascherare il dramma ineluttabile.

Paola Serino coglie con uno stile originale e perfetto l'attimo più significativo della bambina e del lupo che si addentrano nel labirinto del bosco, in un amore diabolico travestito da Paradiso.

Per uno che va, uno arriva.
A un fallimento corrisponde un successo.
Per un amore finito, un amore si prepara.
Per un amico perso, un amico è già alla tua ricerca.
Per ogni giorno gelato, c'è una stagione di sole.
E, ricorda, non associare mai la parola "bruttezza" a te.

Lo sai? La tua vita, la gente e il mondo sarebbero generosi con te,
se solo dessi loro il modo di dimostratelo.
Fai una cosa, apri le finestre, fai spazio nella tua casa, scrivi una poesia ...
Nulla, come la speranza, è simile all'energia dell'amore.

Enrico Maria Secci

Ringraziamenti

Valeria Ceci e Valentina Nichil, psicologhe e psicoterapeute in formazione presso la Scuola di Specializzazione in Psicoterapia Strategica Integrata di Roma (SCUPSIS), sono state determinanti nella stesura finale di questo libro. Senza la loro paziente rilettura del testo e senza il loro entusiasmo e la loro professionalità, *"I narcisisti perversi e le unioni impossibili"* sarebbe rimasto ancora a lungo una semplice bozza.

Ringrazio Elena Roberta Secci per l'editing e per i preziosi suggerimenti.

Ringrazio Paola Serino per la foto di copertina tratta dal suo progetto fotografico sulle dipendenze affettive intitolato *"Wolves"*, di cui ho scritto con piacere la presentazione proposta in questo libro come riflessione conclusiva.

Grazie a chi mi ha seguito in questi anni su *Blog Therapy* e sulla pagina Facebook del blog, ai partecipanti ai miei seminari e agli studenti dei miei corsi e, soprattutto, grazie alle persone con cui ho lavorato in terapia che, attraverso il loro cambiamento e il loro "salvarsi" da relazioni impossibili mi hanno permesso di continuare a studiare e scrivere con crescente passione e motivazione.

Valeria Ceci. Psicologa, esperta in Criminologia Clinica e specializzanda in Psicoterapia Strategica Integrata.
Ha collaborato con l'Università degli Studi di Bari con la Cattedra di Psicologia dello Sviluppo nel campo della ricerca nella prevenzione dell'insorgenza della depressione post-partum e sostegno alla genitorialità.
Consulente Psicologa in diversi Istituti Penitenziari, Scuole Statali e Paritarie, formatrice dell'Orientamento e della Comunicazione presso Enti di Formazione accreditati dalla Regione Puglia.
Attualmente si occupa di progettazione nei contesti scolastici nella Regione Lazio.

Valentina Nichil. Psicologa, vive e lavora a Roma. Laureata in Psicologia, prosegue gli studi di specializzazione presso la Scuola di Psicoterapia Strategica Integrata di Roma.
Si è perfezionata nell'ambito del sostegno alla genitorialità presso l'Università di studi Sapienza nel corso di alta formazione in "Metologie di Enrichment Familiare", seguito da un master di II livello in Mediazione Familiare presso l'Istituto per la Ricerca e la Formazione in Mediazione Familiare (Roma). Attualmente svolge l'attività clinica in ambito pubblico e privato anche nelle province della Regione Lazio.

Elena Roberta Secci. Laureata a Cagliari in Scienze politiche, indirizzo storico-politico-internazionale. Dopo la specializzazione biennale in giornalismo a Bologna, intraprende un percorso di formazione personale e professionale che fra il 1998 e il 2003 la porta a stabilirsi a Roma e a viaggiare in India, Iraq, Vietnam, Libia, Pakistan, Costa Rica, Egitto e California, oltre che in Francia e Belgio, dove ha anche l'opportunità di approfondire la conoscenza delle lingue straniere (inglese, francese e spagnolo).

Dal 1999 si dedica alla meditazione e pratica da 14 anni uno yoga non posturale della tradizione shivaita del Kashmir, con frequenti seminari e ritiri all'estero, in particolare in Usa, Austria, Germania, Svizzera, Spagna, Cile e Canada. Dal 2003 studia e pratica naturopatia. Nel 2006 si diploma col massimo dei voti alla scuola triennale dell'Istituto Riza di Milano. Nel 2011 consegue, con lode, il primo master universitario di I livello in Naturopatia istituito dalla "Sapienza" di Roma. Nel 2013 completa il master biennale in Yogawellness (yogaterapia e benessere) organizzato dalla Federazione italiana Yoga (FIY) in collaborazione con l'università di Parma. Dal 2008 tiene seminari e conferenze sul benessere e l'approccio naturopatico alla salute e conduce percorsi di meditazione a Cagliari, dove ha scelto di vivere.

Paola Serino. Vive e lavora a Roma. Studia fotografia dal 2002 al 2004 presso il Centro Sperimentale di Fotografia Ansel Adams di Roma e perfeziona la sua formazione frequentando workshop con Leonard Freed, Michael Ackerman e Anders Petersen. Dopo i primi lavori più vicini al reportage concentra la sua ricerca principalmente sulla fotografia di ritratto che utilizza come forma di espressione narrativa. Nel 2010 realizza un progetto all'interno dell'Accademia Nazionale di Danza di Roma premiato nello stesso anno con la menzione TPW nel contest Attenzione Talento Fotografico FNAC. Ai successivi lavori vengono riconosciuti premi e menzioni speciali in vari contest internazionali tra cui nel 2013 il terzo premio, categoria ritratto Prix de la Photographie Paris. Nel 2014 è tra i vincitori dell'American Photography Competition. Dal 2005 espone i suoi progetti in mostre collettive e personali. (website: www.paolaserino.com)

Bibliografia

American Psychiatric Association (2014), *DSM-5 – Manuale diagnostic e statistic dei distrubi mentali*, Raffaello Cortina, Milano.

Behary Wendy (2013), *Disarmare il narcisista perverso*, ISC Editore, Firenze.

Bettelheim B. (1976), *Il mondo incantato*, Feltrinelli, Milano.

Berne E. (1972), *Ciao ... e poi?*, Bompiani, Milano.

Carter L. (2010), *Difendersi dai narcisisti*, Tea Editore, Milano.

Deetjens M.C. (2009), *Dire basta alla dipendenza affettiva*, Il Punto d'Incontro, Vicenza.

Freud S. (1914), *Introduzione al Narcisismo*, Bollati Boringheri, Torino.

Fisher J. (2001), *L'ospite inatteso. Dal narcisismo al rapporto di coppia*, Raffaello Cortina, Milano.

Gabbard G.O (1995), *Psichiatria psicodinamica*, Raffaello Cortina Editore, Milano.

Gruberberger B. (1998), Il narcisismo, Einaudi, Milano.

Guerreschi G. (2005), *New Addictions. Le nuove dipendenze*, Edizioni San Paolo, Milano.

Inama L. (2002), *Liberarsi dal troppo amore*, Centro Studi Erickson, Milano.

Rigliano P., Graglia M. (a cura di) (2006), *Gay e lesbiche in psicoterapia*, Raffaello Cortina, Milano.

Manzano J., Palacio E. (2006), *La dimensione narcisistica della personalità*, Franco Angeli Milano.

Lowen A. (1983), *Il narcisismo. La personalità rinnegata*, Feltrinelli, Milano.

Kernberg O.F. (1975), *Sindromi marginali e narcisismo patologico*, Bollati Boringhieri, Torino.

Kernberg O.F. (1984), *Disturbi gravi della personalità*, Bollati Boringhieri, Torino.

Klosko J.S, Young J. (2004), *Reinventa la tua vita,* Raffaello Cortina, Milano.

Kohut H. (1971), *Narcisismo e analisi del Sé*, Bollati Boringhieri, Torino.

Kohut H. (1977), *La guarigione del Sé*, Bollati Boringhieri, Torino.

Nardone G., Watzlawick P. (1990), *L'arte del cambiamento, manuale di terapia strategica e ipnoterapia senza trance*, Ponte alle Grazie, Firenze.

Norwood R. (1989), *Donne che amano troppo*, Feltrinelli, Milano.

O'Halnon B., Fantechi C. (2005), *Dire, fare cambiare. Guida pratica in terapia e nella vita quotidiana*, Franco Angeli, Milano.

O'Halnon B., Beadle S. C. (2005), *Pscoterapia Breve. 51 metodi semplici ed efficaci*, Franco Angeli, Milano

Telfener U. (2014), *Ho sposato un narciso. Manuale di sopravvivenza per donne innamorate*, Castelvecchi Editore, Roma.

Pietro D. (2005), *La dipendenza affettiva. Come riconoscerla e liberarsene*, Edizioni Paoline, Roma.

Secci E.M. (2005), *Manuale di psicoterapia Strategica*, Firera e Liuzzo Edizioni, Napoli.

Secci E.M. (2009), *Blog Therapy. Psicologia e psicopatologia dell'Amore ai tempi di Internet*, Boopen, Napoli.

Secci E.M. (2011), *Aforisimi e metafore per cambiare*, Autorinediti, Napoli.

Secci E.M. (2012), *Le tattiche del cambiamento*, Prometeo, Cagliari.

Secci E.M. (2012), *"Gli uomini amano poco" – Amore, coppia, dipendenza*, Autorinediti, Napoli.

Secci E.M. (2013), *Aforismi Terapeutici*, Autorinediti, Napoli.

Watzlawick, P., Weakland J.H. (1978), *La prospettiva relazionale*, Astrolabio, Roma.

Watzlawick, P. (1980), Il linguaggio del cambiamento: elementi di comunicazione terapeutica, Feltrinelli, Milano.

White M. (1992), *La terapia come narrazione*, Astrolabio, Roma.

Note sull'autore

Enrico Maria Secci è nato a Cagliari nel 1975. Dopo la Laurea con Lode in Psicologia, conseguita nel 1998, ha proseguito gli studi all'Istituto per lo Studio delle Psicoterapie di Roma, Scuola quadriennale di specializzazione in Psicoterapie Brevi ad Approccio Strategico, dove ha ottenuto a pieni voti il Diploma di Specializzazione e l'abilitazione all'esercizio della Psicoterapia. Si è perfezionato all'Università Cattolica del Sacro Cuore (Roma) in Psicologia e Psicoterapia degli Addictive Behaviours e patologie correlate, Alcol-Farmaco Dipendenze e "dipendenze senza droga": dipendenze affettive, sessuali, da Internet (chat, aste on line) e da gioco d'azzardo.

Oltre all'attività clinica privata per la cura dell'ansia, delle depressioni e di altri disturbi, svolge un'intensa attività di insegnamento e ricerca. Collabora come psicoterapeuta didattico con l'Istituto per lo Studio delle Psicoterapie ed è supervisore e Docente straordinario di Tecniche di Psicoterapia Strategica presso la Scuola di Psicoterapia Strategica Integrata (Roma).

Dal 2012 collabora come responsabile scientifico per la Collana Psicologia dell'editore Ebookecm (www.ebookecm.it) e cura, sul portale Tiscali, una rubrica di Salute e Lifestyle.

Libri, articoli, pubblicazioni

Tra i numerosi scritti di argomento clinico e di psicoterapia - articoli, ricerche, saggi brevi e relazioni a convegni e seminari -, i libri:

Aforismi Terapeutici, Edizioni Autorinediti, Napoli, 2013.

Gli uomini amano poco - Amore, coppia dipendenza, Edizioni Autorinediti, Napoli, 2012.

Le Tattiche del Cambiamento - Manuale di Psicoterapia Strategica, Promteo, Cagliari, 2011, edizione in formato ebook con accreditamento ministeriale www.ebookecm.it

Aforismi e Metafore per Cambiare, Edizioni Autorinediti, Napoli, 2011.

Blog-Therapy. Psicologia e psicopatologia dell'Amore ai tempi di Internet, Edizioni Boopen, Napoli, 2009.

(con Carlo Duò), *La Comunicazione Strategica nelle professioni sanitarie*", Edizioni Prometeo, Cagliari.(2008), nuova edizione in formato ebook con accreditamento ministeriale www.ebookecm.it

Manuale di Psicoterapia Strategica, Edizioni Carlo Amore, Roma, 2005.

Contatti e recapiti

E-mail: enricomariasecci@tiscali.it
Sito web/blog: www.enricomariasecci.blog.tiscali.it
Facebook: Blog Therapy
Twitter: @enricomsecci

Enrico Maria Secci

AFORISMI
E METAFORE
per cambiare

Aneddoti inediti e frasi terapeutiche

●●● autorinediti

Enrico Maria Secci

AFORISMI
TERAPEUTICI
per cambiare

Massime e pensieri inediti

●●● autorinediti

Enrico Maria Secci

LE TATTICHE
DEL CAMBIAMENTO
Manuale di Psicoterapia Strategica

Enrico Maria Secci   Carlo Duò

LA COMUNICAZIONE
STRATEGICA
NELLE PROFESSIONI SANITARIE

ebookecm.it

Printed by Amazon Italia Logistica S.r.l.
Torrazza Piemonte (TO), Italy

51331014R00105